REPERCUSSÃO GERAL DA QUESTÃO CONSTITUCIONAL NO
Recurso Extraordinário

A993r Azem, Guilherme Beux Nassif

Repercussão geral da questão constitucional no recurso extraordinário / Guilherme Beus Nassif Azem. – Porto Alegre: Livraria do Advogado Editora, 2009.

151 p.; 23 cm.

ISBN 978-85-7348-599-8

1. Recurso extraordinário. 2. Recurso: Processo civil. I. Título.

CDU – 347.955

Índices para catálogo sistemático:

Recurso extraordinário 347.955
Recurso : Processo civil 347.955

(Bibliotecária responsável: Marta Roberto, CRB-10/652)

Guilherme Beux Nassif Azem

REPERCUSSÃO GERAL DA QUESTÃO CONSTITUCIONAL NO Recurso Extraordinário

Porto Alegre, 2009

Capa, projeto gráfico e diagramação
Livraria do Advogado Editora

Revisão
Rosane Marques Borba

Direitos desta edição reservados por
Livraria do Advogado Editora Ltda.
Rua Riachuelo, 1338
90010-273 Porto Alegre RS
Fone/fax: 0800-51-7522
editora@livrariadoadvogado.com.br
www.doadvogado.com.br

Impresso no Brasil / Printed in Brazil

À minha mulher, Karina,
ao meu irmão, Henrique,
e aos meus pais, Paulo e Gisela.

Agradeço ao Professor-Doutor Araken de Assis, que orientou a Dissertação de Mestrado da qual se originou a presente obra, pelo inestimável apoio ao longo do curso e pelas sempre valiosas contribuições. Igualmente, agradeço aos demais membros da Banca Examinadora, Professores-Doutores José Maria Rosa Tesheiner e Eduardo Pellegrini de Arruda Alvim, por suas precisas observações. Externo, ainda, minha gratidão aos Professores-Doutores Sérgio Gilberto Porto e Ingo Wolfgang Sarlet, pelo enriquecedor convívio acadêmico.

Lista de abreviaturas

ADI	Ação Direta de Inconstitucionalidade
Art.	Artigo
BGH	*Bundesgerichtshof*
CF	Constituição Federal
CLT	Consolidação das Leis do Trabalho
CPC	Código de Processo Civil
CPCCN	*Codigo Procesal Civil y Comercial de la Nación*
CPP	Código de Processo Penal
DJ	Diário de Justiça
EC	Emenda Constitucional
ER	Emenda Regimental
Min.	Ministro(a)
MP	Medida Provisória
MS	Mandado de Segurança
QO	Questão de Ordem
RE	Recurso Extraordinário
RG	Repercussão Geral
Rel.	Relator(a)
REsp	Recurso Especial
RI	Regimento Interno
RISTF	Regimento Interno do Supremo Tribunal Federal
STF	Supremo Tribunal Federal
STJ	Superior Tribunal de Justiça
TST	Tribunal Superior do Trabalho
v.g.	*verbi gratia*
ZPO	*Zivilprozessordnung*

Prefácio

A chamada "crise" do Supremo Tribunal Federal – excesso de feitos distribuídos em cada ano judiciário – iniciou com a aspiração da República de garantir, a um só tempo, a supremacia da Constituição e a inteireza do direito objetivo, confundindo-se, ademais, com a instituição do recurso extraordinário. Inspirando-se no *Judiciary Act* norte-americano, de 1789, e o célebre – hoje praticamente abandonado, porque o *writ of certiorari* empolgou-lhe as funções – *writ of error*, o art. 9º, parágrafo único, *c*, do Decreto 848, de 24.10.1890, criou recurso (então ainda inominado) para o Supremo Tribunal Federal "*quando a interpretação de um preceito constitucional, ou de lei federal, ou de cláusula de um tratado, ou convenção, seja posta em questão*". A designação de "recurso extraordinário" surgiu no art. 33, § 4º, do Regimento Interno, de 08.02.1891, do Tribunal. Todavia, a Primeira República reservou à mais alta Corte do País, além dessas funções de controle da constitucionalidade, consoante o regime difuso, e de preservação da uniformidade da aplicação e da supremacia do direito federal, o de tribunal de apelação, relativamente às sentenças de primeiro grau proferidas na Justiça Federal.

Esse arrojado modelo se destinava, à primeira vista, ao fracasso. O papel de corte de segundo grau para a Justiça Federal só poderia acumular feitos, no Supremo Tribunal Federal, em número incompatível com a função precípua de Corte constitucional. Avulta que a União assumiu extensas competências legislativas, de modo que os órgãos judicantes da Justiça Ordinária, acometida aos Estados-membros, aplicavam às causas, predominantemente, o direito federal, e, por via de conseqüência, numerosos recursos, a esse propósito, aportavam ao Supremo Tribunal Federal.

Não calha, aqui, acompanhar a evolução posterior do problema inicial, nem sequer resenhar as soluções porventura alvitradas para solucioná-lo. O fato é que a Constituição de 1988, embora retirando do Supremo Tribunal Federal a atribuição de velar pela aplicação uniforme do direito federal, fixando-a no Superior Tribunal de Justiça, também não logrou equacioná-lo.

A mais recente tentativa de reduzir o número de processos no Supremo Tribunal Federal assenta no instituto da repercussão geral, introduzido pela EC 45, de 08.12.2004, que introduziu no art. 102 da Carta em vigor um parágrafo terceiro. Outra vez a influência das práticas da Suprema Corte norte-americana sentiu-se no direito brasileiro. A admissibilidade do *writ of certiorari*, naquela Corte, subordina-se à discrição judicial, exigindo os votos concordantes, no mínimo, de quatro *Justices*.

A esse complexo assunto dedica Guilherme Beux Nassif Azem, com mão de mestre, a valiosa monografia, que ora apresento aos leitores. Em mais de um aspecto, notar-se-á a sensatez do autor, às voltas com instituto estrangeiro cujo enxerto, no tecido cultural brasileiro, corre risco de rejeição ou de transformar-se em inócuo placebo. E, de fato, não se transplanta com naturalidade um juízo reconhecidamente discricionário, qual o externado no *writ of certiorari*, expressamente declarado simples e magnânimo favor à parte – não se reconhece, realmente, o direito ao recurso em si mesmo –, para o sistema jurídico brasileiro, no qual, simplesmente, recusa-se à idéia de que órgãos judiciários possam emitir juízos discricionários!

Só o tempo, que é magistrado implacável e fatal, julgará o sucesso do mecanismo. Entrementes, o interessado encontrará valiosos subsídios, neste livro, para conduzir o recurso extraordinário ao juízo positivo de admissibilidade.

Araken de Assis
Professor Titular da PUC/RS
Doutor em Direito pela PUC/SP
Desembargador (aposentado) do TJRS
Advogado em Porto Alegre e São Paulo

Sumário

Introdução

A grande preocupação dos processualistas modernos centra-se na tentativa de estabelecer um processo justo, efetivo, capaz de tutelar, de forma adequada, o direito material buscado pela parte. Não são poucas as tentativas legislativas voltadas a tornar a prestação jurisdicional mais racional e eficaz, como demonstram, por exemplo, as inúmeras e cada vez mais constantes reformas a que vem sendo submetido o Código de Processo Civil.

Seguindo essa linha, foi promulgada, em 8 de dezembro de 2004, a Emenda Constitucional nº 45, conhecida como *Reforma do Judiciário*. Dentre as alterações promovidas na Carta da República, encontram-se importantes normas de caráter processual.

O presente trabalho tem por objetivo analisar, justamente, uma das inovações trazidas pelo constituinte derivado, qual seja, a exigência de demonstração da repercussão geral da questão constitucional para o conhecimento do recurso extraordinário. Consagrada no art. 102, § 3º, da Constituição Federal, foi regulamentada, no plano infraconstitucional, pela Lei nº 11.418, de 19 de dezembro de 2006, à qual se seguiram alterações no Regimento Interno do Supremo Tribunal Federal.

Trata-se de instituto recentemente incorporado ao nosso ordenamento, cujos desdobramentos, evidentemente, não são de todo conhecidos. O exame do tema, dessa forma, revela-se extremamente estimulante e desafiador. Não obstante, há que se destacar os estritos limites da abordagem, que, longe de se propor geral ou mesmo irrestrita, busca circunscrever-se, essencialmente, ao âmbito do direito processual civil, tomando por base a regulamentação conferida pela lei posta.

A pesquisa, eminentemente bibliográfica e jurisprudencial, está dividida em quatro capítulos. No primeiro, são ressaltados os fundamentos que levaram o constituinte derivado a restringir o acesso recursal ao STF. Expõe-se a sobrecarga enfrentada pelo Tribunal, derivada, especialmente, do amplo acesso recursal, que o transformou em nova instância revisora. Contextualiza-se o recurso extraordinário em nosso ordenamento jurídico. Salienta-se a função precípua dos tribunais superiores, preconizando-se a necessidade de lhes conferir competência seletiva, como instrumento de retomada de seu verdadeiro papel. A partir disso, demonstra-se a adoção da repercussão como mecanismo de restrição do acesso ao Supremo Tribunal Federal, com o objetivo de firmar seu papel de Corte Constitucional, outorgando-lhe as condições necessárias para enfrentar, a contento, as relevantes questões de interesse geral. Nessa mesma senda, destaca-se a alteração do perfil do recurso extraordinário, no sentido de sua objetivação. Pela conveniência ao desenvolvimento dos demais capítulos, a natureza jurídica do mecanismo é antecipada já na primeira parte.

O segundo capítulo trata dos antecedentes da repercussão geral. Demonstra-se que a adoção dos denominados "mecanismos de filtragem" não é estranha a outros ordenamentos jurídicos, que enfrentam similares problemas em seus tribunais superiores. Arrolam-se as experiências verificadas nos sistemas norte-americano, argentino e germânico, bem como os mecanismos similares já adotados no ordenamento pátrio, em que se destacam a argüição de relevância – inclusive mediante análise comparativa em face da repercussão geral – e o requisito da transcendência, previsto no âmbito do processo do trabalho.

Dedica-se o terceiro capítulo ao exame dos parâmetros que norteiam a aferição da repercussão geral da questão constitucional. Demonstra-se, inicialmente, a existência de fatores subjetivos, positivos e negativos, decorrentes do preenchimento, no caso concreto, da fórmula que exige a conjugação de relevância (econômica, política, social ou jurídica) e de transcendência (questão que ultrapasse os interesses subjetivos da causa). Examina-se, diante da adoção de conceitos jurídicos indeterminados, a existência de decisão judicial discricionária. Sustenta-se, na hipótese de violação direta a direitos e garantias fundamentais, a ocorrência de juízo positivo no que toca à configuração do requisito. Por fim, investigam-se os fatores objetivos utilizados para aferir a presença do requisito (provimento contrário à súmula ou jurisprudência dominante do STF e questão constitucional objeto de múltiplos recursos com idêntica controvérsia).

O último capítulo destina-se à análise detalhada do procedimento da repercussão geral. Demonstra-se, preambularmente, a aplicabilidade da exigência a todas as hipóteses de cabimento do recurso extraordinário. Analisam-se, em seguida, os aspectos e conseqüências de sua demonstração como preliminar de recurso e a competência para aferição do requisito. Segue, logo após, a análise de dois problemas eminentemente práticos: a possibilidade de concessão de efeito suspensivo, na origem, a recurso extraordinário ainda não admitido; e as implicações decorrentes da Súmula 126 do Superior Tribunal de Justiça no processamento do recurso extraordinário. Verificam-se, outrossim, o *quorum* necessário ao pronunciamento e o momento da verificação da repercussão geral. Discute-se se persiste a exigência do prequestionamento para o conhecimento do recurso extraordinário. Demonstra-se a necessidade de motivação e de publicidade das resoluções judiciais. Detalham-se as alterações promovidas no Regimento Interno do Supremo Tribunal Federal, em especial o procedimento eletrônico de verificação da repercussão geral, submetendo-o, de forma crítica, a exame frente às garantias constitucionais processuais do contraditório e da publicidade. O regime adotado quanto aos múltiplos processos envolvendo idêntica controvérsia recebe tratamento específico, no qual são analisados os procedimentos adotados nas instâncias *a quo* e *ad quem*. Examinam-se, por fim, a possibilidade de intervenção do *amicus curiae*, a suposta irrecorribilidade da decisão e o direito intertemporal.

1. Fundamentos e natureza

1.1. Acúmulo de recursos no Supremo Tribunal Federal

O Supremo Tribunal Federal, órgão de cúpula do Poder Judiciário nacional, compõe-se de onze ministros, escolhidos dentre cidadãos com mais de trinta e cinco e menos de sessenta e cinco anos de idade, de notável saber jurídico e reputação ilibada. Cabe ao Presidente da República a nomeação de seus integrantes, depois de aprovada a escolha pela maioria absoluta do Senado Federal.[1]

Compete ao STF, precipuamente, a guarda da Constituição. No entanto, sua competência não se circunscreve aos limites que se poderiam conceber à vista da cláusula prevista no art. 102, *caput*, da Constituição Federal de 1988. O conjunto das hipóteses contempladas na Carta Magna abrange campo muito extenso, o que se reflete na quantidade de pleitos que se lhe dirigem, seja originariamente, seja em grau recursal.[2]

O inciso III do art. 102 da CF/88 estabelece as hipóteses de cabimento do recurso extraordinário, que expressa a mais significativa competência recursal do Supremo Tribunal Federal.[3] Trata-se de espécie introduzida em nosso ordenamento pelo Decreto nº 848, de 11 de outubro de 1890, que organizou a Justiça Federal.[4] Sua atual deno-

---

[1] CF/88, art. 101, *caput*, e parágrafo único.

[2] BARBOSA MOREIRA, José Carlos. A recente reforma da Constituição brasileira e o Supremo Tribunal Federal. In: BERIZONCE, Roberto Omar; HITTERS, Juan Carlos; OTEIZA, Eduardo (Coord.). *El papel de los tribunais superiores*. Buenos Aires: Rubinzal-Culzoni, 2006, p. 555-556.

[3] DINAMARCO, Cândido Rangel. A função das Cortes Supremas na América Latina. *Revista Forense*, Rio de Janeiro, v. 342, abr./jun. 1998a, p. 6.

[4] Nesse sentido, MARTINS, Pedro Batista. *Recursos e processos da competência originária dos tribunais*. Rio de Janeiro: Forense, 1957, p. 373.

minação, no entanto, adveio do primeiro Regimento Interno do STF, de 26 de janeiro de 1891, e foi consagrada, no plano constitucional, com a Carta de 1934.[5] Nascido como exigência do regime federativo, deita suas raízes no direito norte-americano, mais especificamente no *Judiciary Act* de 1789, que consagrou o *writ of error*.[6]

Estritamente vocacionado à resolução de questões de direito, o recurso extraordinário não se destina a corrigir a má apreciação da prova[7] ou a eventual injustiça da decisão.[8] Por essência, sua existência dentro do sistema é animada por outro interesse, que não apenas o direito das partes envolvidas no conflito.[9] Tutela imediatamente o direito objetivo[10] e se vincula à supremacia da Constituição no ordenamento jurídico, enquadrando-se, assim, dentre os denominados *recursos excepcionais* (ou *extraordinários*).[11] Como ressalta Humberto Theodoro Júnior,

> Esse tipo de recurso nunca teve a função de proporcionar ao litigante inconformado com o resultado do processo uma terceira instância revisora da injustiça acaso cometida nas instâncias ordinárias. A missão que lhe é atribuída é de uma carga política maior, é a de propiciar à Corte Suprema meio de exercer seu encargo de guardião da Constituição, fazendo com que seus preceitos sejam corretamente interpretados e fielmente aplicados. É a autoridade e supremacia da Constituição que toca ao STF realizar por via dos julgamentos dos recursos extraordinários.[12]

---

[5] CASTRO NUNES. *Teoria e prática do Poder Judiciário.* Rio de Janeiro: Forense, 1943, p. 315-316.

[6] BERMUDES, Sérgio. *Curso de direito processual civil:* recursos. Rio de Janeiro: Borsoi, 1972, p. 162. Também nesse sentido: PONTES DE MIRANDA. *Comentários à Constituição de 1967.* 2. ed. rev. São Paulo: Revista dos Tribunais, 1970, v. 4, p. 83; MARQUES, José Frederico. *Instituições de direito processual civil.* 2. ed. rev. Rio de Janeiro: Forense, 1963, v. 4, p. 322-323.

[7] STF, Súmula 279.

[8] Nesse sentido, JORGE, Flávio Cheim. *Teoria geral dos recursos cíveis.* 3. ed. rev., atual. e ampl. São Paulo: Revista dos Tribunais, 2007, p. 33. Assim, já assentou o STF: "O recurso extraordinário é via processual estreitíssima, cujo potencial para desfazer eventuais injustiças na solução do caso concreto pelas instâncias ordinárias se restringe – aqui e alhures – às hipóteses infreqüentes nas quais a correção do erro das decisões inferiores possa resultar do deslinde da questão puramente de direito, e de alçada constitucional, adequadamente trazida ao conhecimento do Supremo Tribunal: por isso, a decisão do RE não se compromete com a justiça ou não do acórdão recorrido". (Supremo Tribunal Federal. Tribunal Pleno, RE 254948/BA. Relator: Min. Sepúlveda Pertence. *DJ* 31 ago. 2001, p. 66).

[9] PORTO, Sérgio Gilberto; USTÁRROZ, Daniel. *Manual dos recursos cíveis.* 2. ed. rev. e ampl. Porto Alegre: Livraria do Advogado, 2008, p. 199.

[10] ASSIS, Araken de. *Manual dos recursos.* São Paulo: Revista dos Tribunais, 2007c, p. 53.

[11] Os recursos extraordinários têm como objeto imediato a tutela do direito objetivo. Somente de forma mediata protegem o direito subjetivo da parte. Nesse sentido: PINTO, Nelson Luiz. *Manual dos recursos cíveis.* 2.ed. rev. atual. e ampl. São Paulo: Malheiros, 2000, p. 32.

[12] THEODORO JÚNIOR, Humberto. Repercussão geral no recurso extraordinário (Lei nº 11.418) e súmula vinculante do Supremo Tribunal Federal (Lei nº 11.417). *Revista Magister de Direito Civil e Processual Civil*, Porto Alegre, n. 18, p. 5-32, maio/jun. 2007, p. 6.

Inverte-se, pois, no recurso extraordinário, a tradicional lógica recursal: fundamentalmente, são as partes instrumentos de uma finalidade maior cometida ao recurso. O interesse privado na reforma ou na cassação da decisão que lhe é desfavorável atua em serviço do interesse público na exata aplicação do direito constitucional, sendo reconhecido e tutelado desde que coincida com o especial interesse coletivo que constitui a base do instituto.[13]

No entanto, a despeito de sua classificação e características, aparentemente refratárias à utilização em larga escala no expediente forense, a configuração dada pelo constituinte originário ao recurso extraordinário ofertou-lhe generoso campo de incidência, admitindo, em tese, que toda controvérsia envolvendo matéria constitucional aportasse no Supremo Tribunal Federal. Da leitura do art. 102, III, *caput*, da Carta da República, extrai-se o cabimento do recurso extraordinário em face de toda decisão de única ou última instância.[14] Ao contrário do que se dá em outros países, permite-se sua interposição quando houver violação a qualquer dispositivo da Lei Maior,[15] cujo texto, sabe-se, é bastante extenso.[16]

---

[13] CALAMANDREI, Piero. *La casación civil*. Traducción de Santiago Sentís Melendo. Buenos Aires: Editorial Bibliografica Argentina, 1961, v. 1, t. 2, p. 147-151.

[14] Nessa linha, assim estabelece a Súmula 640 do STF: "É cabível recurso extraordinário contra decisão proferida por juiz de primeiro grau nas causas de alçada, ou por turma recursal de juizado especial cível ou criminal". Não se exige, pois, ao contrário do que ocorre para o cabimento do recurso especial (CF, art. 105, III), que a decisão impugnada seja de tribunal. Nesse sentido, *v.g.*, Supremo Tribunal Federal. Tribunal Pleno. RE 136154/DF. Relator para Acórdão: Min. Carlos Velloso. *DJ* 23 abr. 1993, p. 833.

[15] Nos autos do AGr-395662, julgado pelo Supremo Tribunal Federal, assim se pronunciou o Ministro Gilmar Mendes: "A Constituição Federal de 1988 estabelece ser admissível recurso extraordinário quando a decisão recorrida contrariar algum de seus dispositivos, declarar a inconstitucionalidade de tratado ou lei federal ou julgar válida lei ou ato do governo local contestado em face do texto constitucional. Assim, ao contrário do que se verifica em outras ordens constitucionais, que limitam, muitas vezes, o recurso constitucional aos casos de afronta aos direitos fundamentais, optou o constituinte brasileiro por admitir o cabimento do recurso extraordinário contra qualquer decisão que, em única ou última instância, contrariar a Constituição. Portanto, a admissibilidade do recurso constitucional não está limitada, em tese, a determinados parâmetros constitucionais, como é o caso da Verfassungsbeschwerde na Alemanha (Lei Fundamental, art. 93, n. 4a), destinada, basicamente, à defesa dos direitos fundamentais". Frisamos que o acórdão foi publicado no *DJ* de 23.4.2004, antes, portanto, do advento da EC 45/04.

[16] Veja-se a observação de Ovídio A. Baptista da Silva: "[...] como todos sabem, com alguma habilidade profissional, leva-se ao Supremo Tribunal Federal qualquer litígio, desde aqueles conflitos entre vizinhos que litigam sobre a posse de um gato ou um cachorro, até aqueles em que se pretenda indenização pela morte de um animal de estimação. A imprensa seguidamente dá-nos notícias desses jocosos incidentes forenses". (SILVA, Ovídio A. Baptista da. *Processo e ideologia: o paradigma racionalista*. Rio de Janeiro: Forense, 2004, p. 263).

Por outro lado, a impossibilidade, via ação direta de inconstitucionalidade ou ação direta de constitucionalidade, de proceder à análise de determinadas matérias (interpretação direta de cláusulas constitucionais pelos juízes e tribunais, direito pré-constitucional, controvérsia constitucional sobre normas revogadas e controle de constitucionalidade do direito municipal em face da Constituição Federal), aliada à restrita legitimidade para o ajuizamento da argüição de descumprimento de preceito fundamental,[17] demonstra a existência de um extenso espaço residual ao recurso extraordinário no controle de constitucionalidade, no qual se revela freqüente a repetição de processos.[18]

O recurso extraordinário é interposto junto ao órgão de origem, ao qual cabe realizar o primeiro exame de sua admissibilidade.[19] Na hipótese de esse juízo ser negativo, estabelece o art. 544 do CPC a possibilidade do manejo do agravo de instrumento, cuja remessa ao STF não pode obstar o órgão *a quo*.[20]

À ampla acessibilidade recursal ao Supremo Tribunal Federal, correspondeu um crescente afluxo de recursos extraordinários e de agravos de instrumento interpostos em face de sua inadmissão. Os números são expressivos. Dados do Tribunal indicam que, desde 1991, mais de 90% de sua carga de trabalho advêm de tais expedientes. No ano de 2007, por exemplo, foram distribuídos 112.938 processos. Destes, 56.909 referem-se a agravos de instrumento e 49.708

---

[17] Nos termos do art. 2º, I, da Lei nº 9.882/99, apenas podem propor a argüição de descumprimento de preceito fundamental os legitimados para a ação direta de inconstitucionalidade. O dispositivo que previa a legimitidade de qualquer pessoa lesada ou ameaçada por ato do Poder Público (art. 2º, II) foi objeto de veto presidencial.

[18] MENDES, Gilmar Ferreira. Argüição de descumprimento de preceito fundamental. In: MEIRELLES, Hely Lopes. *Mandado de segurança, ação popular, ação civil pública, mandado de injunção, "habeas data", ação direta de inconstitucionalidade, ação declaratória de constitucionalidade e argüição de descumprimento de preceito fundamental.* 23. ed., atual. por Arnoldo Wald e Gilmar Ferreira Mendes. São Paulo: Malheiros, 2001, p. 373.

[19] Consoante o art. 541, *caput*, do CPC, o recurso extraordinário é interposto perante o Presidente ou o Vice-Presidente do tribunal recorrido.

[20] Nesse sentido, *v.g.*, precedente assim ementado: "RECLAMAÇÃO – AGRAVO DE INSTRUMENTO – AUSÊNCIA DE REMESSA AO SUPREMO. O agravo visando à subida de recurso extraordinário, pouco importando defeito que apresente, há de ser encaminhado ao Supremo, para o exame cabível". (Supremo Tribunal Federal. Tribunal Pleno. Rcl 2826/RS. Relator: Min. Marco Aurélio. *DJ* 14 nov. 2007, p. 85). A matéria, inclusive, é objeto da Súmula 727, que assim dispõe: "Não pode o magistrado deixar de encaminhar ao Supremo Tribunal Federal o agravo de instrumento interposto da decisão que não admite recurso extraordinário, ainda que referente a causa instaurada no âmbito dos Juizados Especiais".

a recursos extraordinários. A soma perfaz o total de 106.617, o que corresponde a 94,4% do total de feitos.[21]

Como observa Arruda Alvim,

> Ninguém honesto e de bom senso pode afirmar que possa haver expectativa social, por mínima que possa ser, de que um ministro – por dotado que seja e reunindo todos os qualificativos para integrar um Tribunal culminante – profira milhares de votos no espaço de um ano. Pode-se dizer que é uma situação inusitada, e, em realidade, anômala. Essa situação configura um quadro banalizador da função esperada dos Tribunais de cúpula.[22]

O grande número de litígios, somado à considerável variedade dos temas suscitados – capazes de desviar a atenção dos julgadores para assuntos menores, em prejuízo da respectiva concentração nas questões de maior relevância –,[23] acabou por afastar o STF do cumprimento de sua missão principal, obscurecendo a avaliação do Tribunal no seu aspecto decisivo – a institucionalização e preservação do Estado Democrático de Direito.[24]

1.2. Função dos tribunais superiores

O Estado, ao proibir o exercício da justiça de mão própria, assumiu o dever de prestar a jurisdição.[25] O interesse público ao qual servem os tribunais de cúpula, contudo, não se confunde com aque-

---

[21] Disponível em: <www.stf.gov.br/portal/cms/verTexto.asp?servico=estatistica&pagina=REAIProcessoDistribuido> Acesso em: 23 maio 2008.

[22] ARRUDA ALVIM. O recurso extraordinário brasileiro e o instituto da repercussão geral. Notícia de projeto para sua disciplina por legislação ordinária. In: BERIZONCE, Roberto Omar; HITTERS, Juan Carlos; OTEIZA, Eduardo (Coord.). *El papel de los tribunais superiores*. Buenos Aires: Rubinzal-Culzoni, 2006, p. 308.

[23] BARBOSA MOREIRA, José Carlos. *Comentários ao código de processo civil*. 14. ed. rev. e atual. Rio de Janeiro: Forense, 2008, v. 5, p. 615.

[24] ASSIS, A., 2007c, p. 692.

[25] "O princípio da inafastabilidade do controle jurisdicional ou da proteção judiciária é uma resultante do monopólio da justiça em mãos do Estado." (WATANABE, Kazuo. *Controle jurisdicional: princípios da inafastabilidade do controle jurisdicional no sistema jurídico brasileiro e Mandado de segurança contra atos judiciais*. São Paulo: Revista dos Tribunais, 1980, p. 22). Trata-se, em nosso ordenamento, de cláusula pétrea, insuscetível de abolição, nos termos do art. 60, § 4°, da Carta Republicana.

le a que se servem os demais órgãos jurisdicionais.[26] A missão das cortes superiores vincula-se à defesa e à preservação da unidade do ordenamento jurídico, de modo a garantir a observância do direito objetivo e a uniformidade da jurisprudência.[27] Cabe-lhes, pois, precipuamente, a *função nomofilácica*, isto é, de zelar pela interpretação e aplicação do direito de forma tanto quanto possível uniforme.[28]

Sua atividade essencial, assim, transcende o mero interesse das partes. Como aponta Castro Nunes, "A interpretação boa ou má, o julgamento, certo ou errado, da espécie, não interessa à Nação, não compromete a preeminência e a autoridade das leis federais, não põe em xeque a supremacia da União na ordem judiciária".[29]

Enrico Tullio Liebman, em conferência pronunciada no ano de 1940 sobre as perspectivas do recurso extraordinário, já referia:

> As tendências mais recentes na França, Itália e Alemanha indicam, com uniformidade realmente interessante, um desenvolvimento no sentido de caracterizar, de maneira cada vez mais pronunciada, a função específica dêstes tribunais supremos, de dar prevalência à tutela de um interêsse geral do Estado sobre os interêsses dos litigantes.[30]

Para bem desempenhar sua missão, apenas das grandes questões deve se ocupar a instância recursal extraordinária.[31] Realmente,

---

[26] CALAMANDREI, 1961, v. 1, t. 2, p. 40. Faça-se, aqui, um breve esclarecimento: em linhas gerais, o sistema de cassação confere ao tribunal a competência para verificar a existência de violação à lei. No caso positivo, a causa é devolvida à instância de origem, para novo julgamento. Já o sistema de revisão, reúne os dois juízos. Não se limita à anulação da decisão impugnada, mas também aplica o direito ao caso concreto. Nesse sentido, BUZAID, Alfredo. Nova conceituação do recurso extraordinário na Constituição do Brasil. *Revista da UFPR*, Curitiba, v. 11, p. 51-66, 1968, p. 52-53. De qualquer sorte, especialmente para a finalidade ora proposta – demonstrar a verdadeira função cometida aos tribunais superiores –, inexiste óbice para que os sistemas sejam tratados de forma conjunta, sem distinção terminológica.

[27] A uniformidade da jurisprudência decorre da própria necessidade de preservação da unidade do direito, somada à garantia da igualdade. Nessa linha, a lição de Piero Calamandrei: "Los dos principios, conexos entre si y complementarios, de la unidad del derecho positivo en el Estado y de la igualdad de todos los ciudadanos ante la ley, pueden ser prácticamente actuados sólo cuando las amenazas, que contra los mismos surgen de la inevitable pluralidad de los órganos jurisdiccionales del mismo grado, sean, dentro de lo posible, templadas por la *uniformidad de la interpretación jurisprudencial*". (CALAMANDREI, op. cit., p. 82).

[28] CRUZ E TUCCI, José Rogério. Art. 475-J e o STJ. *Revista Jurídica Consulex*, Brasília, n. 260, novembro 2007b, p. 51.

[29] CASTRO NUNES. A Tarefa do Supremo Tribunal. *Revista Forense*, Rio de Janeiro, v. 99, p. 606-610, jul. 1944, p. 608.

[30] LIEBMANN, Enrico Tullio. Perspectivas do recurso extraordinário. *Revista Forense*, Rio de Janeiro, v. 85, n. 451/453, p. 601-605, jan./mar. 1941, p. 605.

[31] "São as grandes questões da ordem constitucional que a doutrina ocidental aponta como o objeto capaz de explicar a instância recursal extraordinária." (THEODORO JR., 2007, p. 7).

desponta natural e lógica a impossibilidade de os tribunais supremos se encarregarem da resolução de questões pontuais, impertinentes, ou que interessem tão-somente às partes do processo. Sua atuação há que se circunscrever aos temas de verdadeira importância, que afetem o tecido social, assim como aos princípios e valores que sirvam de suporte econômico, cultural, ético e institucional do povo.[32]

Conecta-se ao interesse geral, nessa linha, a relevante *função política* cometida aos tribunais superiores.[33] Essa atividade vincula-se à intervenção em questões fundamentais de Estado. Pode ter por fim determinar espaços de poder; proteger o sistema institucional; fixar rumos orientadores no campo social; manter uma adequada divisão de poderes, inclusive mediante auto-restrição; proteger o cidadão frente aos outros poderes, mesmo na ausência de norma legal; e também acompanhar a política superior do Estado, assegurando que ela vise ao bem estar geral.[34] Válida, no ponto, a lição de Joaquim José Gomes Canotilho:

> As decisões do Tribunal Constitucional acabam efectivamente por ter força política, não só porque a ele cabe resolver, em última instância, problemas constitucionais de especial sensibilidade política, mas também porque a sua jurisprudência produz, de facto ou de direito, uma influência *determinante* junto dos outros tribunais e exerce um papel condicionante do comportamento dos órgãos de direcção política. O Tribunal Constitucional, mesmo primariamente limitado ao controlo jurídico-constitucional das normas jurídicas, excluindo de seus juízos valorações políticas ou apreciações de mérito político (a doutrina fala aqui do *princípio da autolimitação judicial ou judicial self restraint*), não se pode furtar à tarefa de guardião da Constituição, *apreciando a constitucionalidade da política normativamente incorporada em actos dos órgãos de soberania*. Por outras palavras: o Tribunal Constitucional assume, ele próprio, uma dimensão normativo-constitutiva do pluralismo plasmado na Constituição. Com

---

[32] MORELLO, Augusto Mario. Recursos extraordinarios. Visión comparada brasileña y argentina. *Revista de Processo*, São Paulo, v. 79, p. 10-19, jul./set. 1995, p. 11.

[33] No que toca especificamente ao Supremo Tribunal Federal, destaca Oscar Dias Côrrea que a função político-constitucional é aquela que primeiro se atribuiu à Corte. Na lição do autor, "A função constitucional confunde-se com o caráter político de sua atuação, no sentido de que o Poder do Estado é poder *político* e não se pode alhear dos problemas políticos nacionais, nem ignorá-los: pode ser, e certamente será convocado a apreciar questões ligadas ao exercício da atividade política do governo, quer no sentido amplo, quer no que se relacione com atos que, praticados pelo governo, representem violações das garantias e direitos individuais". (CORRÊA, Oscar Dias. A missão atual do Supremo Tribunal Federal e a constituinte. *Revista de Direito Administrativo*, Rio de Janeiro, v. 160, p. 7-30, abr./jun. 1985, p. 9).

[34] Nesse sentido, Enrique M. Falcón, referindo-se ao *carril activo* da função política. FALCÓN, Enrique M. La función política y los tribunais superiores. In: BERIZONCE, Roberto Omar; HITTERS, Juan Carlos; OTEIZA, Eduardo (Coord.). *El papel de los tribunais superiores*. Buenos Aires: Rubinzal-Culzoni Editores, 2006, p. 23-24.

a garantia da observância das normas constitucionais conexionam-se relevantíssimas questões político-constitucionais como: (1) defesa das minorias perante a omnipotência da maioria parlamento-governo; (2) primazia hierárquico-normativo da Constituição e do legislador constituinte perante a omnipotência da maioria parlamento-governo; (3) primazia do dogma tradicional da presunção de constitucionalidade dos actos legislativos; (4) legitimidade do desenvolvimento do próprio direito constitucional através da interpretação dada às normas da Constituição pelos juízes constitucionais. Perante este cruzamento de questões político-constitucionais, o Tribunal Constitucional poderá desempenhar o papel de '*regulador*' e *determinador* da própria identidade cultural da República (Ebsen) e de controlador do 'legislador mastodonte e da administração leviathan' (Cappelletti).[35]

A função dos tribunais supremos passou da ampla função de revisão plena da legalidade, para uma função de resolver causas que, além da revisão da sua legalidade, gozem de determinados outros atributos, que as destaquem das demais.[36]

Assim, indica-se como necessária, a fim de evitar o incontrolável aporte de questões menores e de permitir, com isso, o correto cumprimento de suas fundamentais atribuições, a adoção de mecanismos que racionalizem o acesso aos tribunais superiores.[37]

Nessa linha, em ordem ao cumprimento de sua função específica, orientada para a unidade do direito, A. Castanheira Neves sustenta o caráter seletivo da intervenção dos tribunais supremos. Assim afirma o autor lusitano:

> [...] essa intervenção não deverá prescrever-se obrigatória, verificados que sejam apenas certos pressupostos formais [...]; mas, bem ao contrário, o Supremo Tribunal haverá de ter o poder de seleccionar os casos de sua intervenção com vista à unidade do direito, ajuizando autonomamente da oportunidade dessa sua intervenção, em função da importância dos problemas jurídico-jurisprudenciais para aquele objectivo.[38]

---

[35] CANOTILHO, Joaquim José Gomes. *Direito constitucional e teoria da constituição.* 7. ed. Coimbra: Almedina, 2003, p. 681-682.

[36] ARRUDA ALVIM. *A argüição de relevância o recurso extraordinário.* São Paulo: Revista dos Tribunais, 1988, p. 41.

[37] Destaca Eduardo Arruda Alvim que sem um mecanismo de filtragem, os tribunais superiores acabam funcionando como uma terceira instância, distanciando-se da função inata às cortes superiores. (ARRUDA ALVIM, Eduardo. Recurso especial e recurso extraordinário. In: NERY JUNIOR, Nelson; WAMBIER, Teresa Arruda Alvim (Coord.). *Aspectos polêmicos e atuais dos recursos cíveis.* São Paulo: Revista dos Tribunais, 2002, v. 5, p. 139).

[38] CASTANHEIRA NEVES, A. *O instituto dos "assentos" e a função jurídica dos supremos tribunais.* Coimbra: Coimbra, 1983, p. 663.

De fato, é necessário estabelecer formas que permitam a rigorosa seleção dos feitos que, diante da relevância, reclamam o pronunciamento dos tribunais de cúpula. Nesse sentido, a lição de Ovídio A. Baptista da Silva:

> Para que as cortes cumpram, nas circunstâncias atuais, sua função primordial, é indispensável que se lhes dê competência seletiva, permitindo-lhes escolher, dentre o número de processos que lhe são encaminhados, aqueles que, pelo grau de relevância para o sistema, mereçam sua apreciação.[39]

Ao se buscar soluções que outorguem às cortes supremas a necessária racionalidade, evitando que se ocupem de questões pontuais, objetiva-se, em última análise, outorgar-lhes condições para que atendam a suas funções primordiais, dedicando-se ao exame das causas de maior relevo, as quais exigem um pronunciamento resultante de intensa reflexão. Conforme aponta Humberto Theodoro Júnior, foi exatamente a falta de filtragem da relevância do recurso extraordinário que levou o STF a acumular anualmente milhares de processos, desnaturando por completo seu verdadeiro papel institucional e impedindo que as questões de verdadeira dimensão pública pudessem merecer a apreciação detida e ponderada exigível de uma autêntica Corte Constitucional.[40]

---

[39] SILVA, Ovídio A. Baptista da. A função dos tribunais superiores. In: MACHADO, Fábio Cardoso; MACHADO, Rafael Bicca (Coord.). *A reforma do Poder Judiciário*. São Paulo: Quartier Latin, 2006a, p. 90.

[40] THEODORO JÚNIOR, 2007, p. 7. Importa frisar, como o faz Teori Albino Zavascki, que o fato de o Supremo Tribunal Federal acumular competências não-típicas da jurisdição constitucional não desnatura a sua função de Corte Constitucional. Observa o autor que "Mesmo no sistema europeu, as chamadas 'Cortes Constitucionais' têm atribuições que não se limitam a apreciar a legitimidade das normas ou a apreciar questões relacionadas com a aplicação direta de preceitos constitucionais". (ZAVASCKI, Teori Albino. *Eficácia das sentenças na jurisdição constitucional*. São Paulo: Revista dos Tribunais, 2001, p. 16). De qualquer sorte, no que se refere aos Tribunais Constitucionais, tem-se a possibilidade de caracterizá-los sob dois ângulos: o primeiro, correspondente à concepção tradicional, parte de uma perspectiva puramente formal, identificada fundamentalmente com o modelo europeu e vinculado à idéia de um órgão situado fora do Poder Judiciário, criado para conhecer, especial e exclusivamente, os conflitos constitucionais. O segundo, mais moderno e amplo, correspondente ao enfoque material, toma a expressão Tribunal Constitucional como o órgão jurisdicional de maior hierarquia, que possui a função essencial de estabelecer a interpretação final das disposições de caráter fundamental. No Brasil, o Supremo Tribunal Federal realiza a função de um Tribunal Constitucional – desde sua perspectiva material –, ainda que não de maneira exclusiva. Nesse sentido, MAC-GREGOR, Eduardo Ferrer. La Suprema Corte de Justicia de Mexico. In: BERIZONCE, Roberto Omar; HITTERS, Juan Carlos; OTEIZA, Eduardo (Coord.). *El papel de los tribunais superiores*. Buenos Aires: Rubinzal-Culzoni, 2006, p. 353-358.

1.3. Repercussão geral como instrumento de controle

Atenta a tais premissas e sensível à realidade experimentada pelo Supremo Tribunal Federal, a Emenda Constitucional nº 45, promulgada em 8 de dezembro de 2004, estabeleceu, dentre outras tantas inovações, relevante exigência para o acesso ao recurso extraordinário. Ao art. 102 da Constituição Federal, acrescentou um novo parágrafo (terceiro), com a seguinte redação:

> No recurso extraordinário o recorrente deverá demonstrar a repercussão geral das questões constitucionais discutidas no caso, nos termos da lei, a fim de que o Tribunal examine a admissão do recurso, somente podendo recusá-lo pela manifestação de dois terços de seus membros.

Com o claro objetivo de retomar o papel institucional que a Constituição lhe assinalou, potencializando sua faceta de Corte Constitucional,[41] o constituinte derivado modificou o sistema que permitia o amplo acesso ao Supremo Tribunal Federal. Passou-se a exigir, de todo recurso extraordinário interposto, a demonstração da repercussão geral da questão constitucional.

O instituto[42] incorporado decorre, basicamente, do excessivo número de recursos submetidos ao STF, fato demonstrado anteriormente.[43] O incontrolável afluxo recursal vinha desnaturando o caráter extraordinário da jurisdição prestada pela Corte, transformando-a em um novo tribunal de revisão de decisões judiciais. Como refere José Carlos Barbosa Moreira:

---

[41] Nesse sentido, NETTO, Nelson Rodrigues. A aplicação da repercussão geral no recurso extraordinário consoante a Lei nº 11.418/06. *Revista Dialética de Direito Processual*, São Paulo, n. 49, p. 112-129, abr. 2007b, p. 118.

[42] "Institutos são unidades sistemáticas, que se compõe de uma figura e de sua disciplina jurídica." (WAMBIER, Teresa Arruda Alvim. Fundamentos do processo. *Revista dos Tribunais*, São Paulo, v. 855, p. 11-29, jan. 2007, p. 12).

[43] Para Elaine Harzheim Macedo, "a razão prática de ser do óbice recursal encontra duas inspirações distintas". Uma delas, "comprometida com a tradicional e conhecida crise do recurso extraordinário que atravessa décadas e inúmeras tentativas fracassadas de vencer o invencível acúmulo de recursos interpostos em processos subjetivos que vencem todas as etapas processuais – o que o sistema processual não é hábil em interromper – e deságuam na Corte Constitucional". O outro fundamento, na lição da autora, "está intimamente ligado à questão da função específica da jurisdição constitucional do Supremo Tribunal Federal, numa clara mudança de perfil, transformando-o, cada vez mais, de tribunal de justiça em corte constitucional [...]". (MACEDO, Elaine Harzheim. Os tribunais superiores e os novos óbices recursais. In: MACHADO, Fábio Cardoso; MACHADO, Rafael Bicca (Coord.). *A reforma do Poder Judiciário*. São Paulo: Quartier Latin, 2006, p. 163-164).

> O que se pretende é evitar que o Supremo Tribunal Federal tenha de ocupar-se de questões de interesse visto como restrito à esfera jurídica das partes do processo, em ordem a poder reservar sua atenção e seu tempo para matérias de mais vasta dimensão, para grandes problemas cuja solução deva influir com maior intensidade na vida econômica, social, política do país.[44]

Destarte, a Reforma do Judiciário, ao exigir a demonstração da repercussão geral da questão constitucional no recurso extraordinário, teve a intenção cristalina de lhe conceder um caráter de excepcionalidade. Além disso, evidentemente, traz consigo o objetivo de servir como *instrumento regulador* do acesso aos recursos a serem submetidos à análise do Tribunal Superior, reforçando o seu caráter *extraordinário*. Precisa a lição de Evandro Lins e Silva:

> O recurso para o STF, pelo seu próprio nome, é "extraordinário", o que significa que se destina aos casos excepcionais e não aos casos rotineiros do dia-a-dia forense e, muito menos, às questões de nonada ou de litigantes caprichosos, que querem ver suas causas decididas pela mais alta Corte do País.[45]

O Supremo Tribunal Federal é instituição chave do Estado de Direito, garantidora do funcionamento e da consolidação da democracia. Dele, exige-se muito mais do que a aplicação do direito constitucional. Nos casos concretos que lhe são submetidos, não está presente somente um conflito entre partes. Subjacente a isso, consoante já salientado, sua atuação envolve o interesse público.

Muito mais do que testemunho privilegiado, é o Supremo, ao exercer suas competências, co-protagonista das transformações sociais verificadas na Nação.[46] O Tribunal, dessa forma, somente deve intervir quando a ordem constitucional, nos seus momentos integrantes e regulativos, constitutivos e reconstitutivos, verdadeiramente o exigir.[47]

De fato, para o cumprimento de sua missão, o Supremo Tribunal Federal, na exata linha do que foi exposto no item precedente, deve voltar-se unicamente às questões de maior relevo, ou seja, às

---

[44] BARBOSA MOREIRA, José Carlos. A Emenda Constitucional 45/2004 e o processo. *Revista de Processo*, São Paulo, v. 130, p. 235-248, dez. 2005a, p. 240.

[45] LINS E SILVA, Evandro. O recurso extraordinário e a relevância da questão federal. *Revista dos Tribunais*, São Paulo, n. 485, p. 11-15, mar. 1976, p. 11.

[46] MORELLO, Augusto Mario. *El recurso extraordinario*. 3. ed. La Plata: Librería Editora Platense, 2006, p. 99-101.

[47] CASTANHEIRA NEVES, 1983, p. 666.

grandes questões constitucionais. Confira-se a reflexão de Luiz Guilherme Marinoni e Daniel Mitidiero:

> Como deve o Supremo Tribunal Federal desempenhar essa sua função? Examinando todas as questões que lhe são apresentadas ou apenas aquelas que lhe pareceram de maior impacto para obtenção da unidade do Direito? O pensamento jurídico contemporâneo inclina-se firmemente nesse segundo sentido. A simples "intenção da justiça quanto à decisão do caso jurídico concreto – e, com ela, também o interesse das partes na causa", por si só não justifica a abertura de uma terceira (e, eventualmente, quarta) instância judiciária. O que o fundamenta, iniludivelmente, é o interesse na concreção da unidade do Direito: é a possibilidade que se adjudica à Corte Suprema de "*clarifier ou orienter le droit*" em função ou a partir de determinada questão levada ao seu conhecimento. Daí a oportunidade e o inteiro acerto de instituir-se a repercussão geral da questão constitucional afirmada no recurso extraordinário como requisito de admissibilidade deste.[48]

Ademais, como pontua André Ramos Tavares "um grande volume de processos não significa exatamente um incremento na defesa da Constituição".[49] Não seria demasiado afirmar que, nas condições atuais, quantidade é antônimo de qualidade. Isso, certamente, não se deseja de uma Corte Suprema.

Pelo prisma da outorga ao STF do tempo necessário para que chegue a uma boa decisão, verifica-se, desde já, estreita relação do instituto da repercussão geral com a garantia da razoável duração do processo.[50] Para o STF – e essa é a vinculação ora proposta –, duração razoável significa o tempo adequado para o correto estudo e maturação acerca das questões que lhe são submetidas, o que lhe

---

[48] MARINONI, Luiz Guilherme; MITIDIERO, Daniel. *Repercussão geral no recurso extraordinário*. São Paulo: Revista dos Tribunais, 2007, p. 17.

[49] Afirma o autor que "o aumento extraordinário que se tem operado no volume de trabalho do Tribunal Constitucional em diversos países não é – nem poderia ser – acompanhado de idêntico aumento na 'produção' de decisões, o que faz agravar, a cada ano, a composição de uma Justiça Constitucional satisfatória em termos de celeridade. Em não sendo elaborado um instrumento apto a impedir o excesso de volume de trabalho do Tribunal Constitucional, ocorrerá um colapso e a quebra do Tribunal Constitucional [...]". (TAVARES, André Ramos. *Teoria da justiça constitucional*. São Paulo: Saraiva, 2005b, p. 411-412).

[50] CF/88, art. 5º, LXXVIII. Salientamos que o lapso temporal razoável não pode ser previamente definido, muito menos de forma indistinta. Há demandas que podem ser julgadas em tempo inferior; outras, não. Como observa Araken de Assis, "Nem sempre o processo rápido traduz processo justo. Impõe-se abreviá-lo para melhorá-lo, e, não, piorá-lo, sonegando outros tantos direitos fundamentais a uma das partes ou a ambas". (ASSIS, Araken de. Duração razoável do processo e reforma da lei processual civil. In: MOLINARO, Carlos Alberto; MILHORANZA, Mariângela Guerreiro; PORTO, Sérgio Gilberto (Coord.). *Constituição, jurisdição e processo:* estudos em homenagem aos 55 anos da Revista Jurídica. Sapucaia do Sul: Notadez, 2007a, p. 43).

permitirá um incremento na qualidade de seus julgados.[51] Há que se oferecer um mínimo de tempo indispensável à segurança dos seus pronunciamentos, reduzindo-se a pressão decorrente dos inúmeros processos que se avolumam aguardando apreciação.[52]

De fato, é preferível – e mais consentâneo com a sua função – que o STF possua o tempo suficiente para amadurecer o entendimento acerca das causas (relevantes) que lhe são submetidas, transmitindo à coletividade a sensação de que cumpre com exatidão sua valiosa função judicante. Assim anota Arruda Alvim:

> As decisões do STF configuram o referencial máximo em relação ao entendimento havido como o correto em relação ao Direito Constitucional.
> Tais decisões, em devendo ser exemplares, hão, igualmente, de carregar consigo alto poder de convicção, justamente porque são, em escala máxima, os precedentes a serem observados e considerados pelos demais Tribunais, ainda que não sejam sumuladas pelo STF. Isto demanda ponderação, tempo, discussões e meditação até mesmo durante o julgamento, circunstâncias dificilmente concretizáveis diante de uma massa enorme de serviço que assola o Tribunal.[53]

A adoção de mecanismo de controle, pois, prioriza a idéia do *acesso adequado* ao STF – e não a do acesso quase universal e ilimitado. Funciona como instrumento de aperfeiçoamento da jurisdição constitucional[54] e contribui para o necessário desenvolvimento da ordem jurídica, que só é possível pela jurisprudência dos tribunais superiores, cujas decisões são dotadas de uma especial autoridade "natural".[55]

---

[51] A perda da substância dos julgados do STF é conseqüência natural do incontrolável aporte de processos. Nesse sentido, CALMON DE PASSOS, J. J. Da argüição de relevância no recurso extraordinário. *Revista Forense*, Rio de Janeiro, n. 259, p. 11-22, jul./set. 1977a, p. 12.

[52] SELISTRE PEÑA, Eduardo Chemale. A inclusão do requisito da relevância para a redução do volume de processos no Supremo Tribunal Federal e no Superior Tribunal de Justiça. In: MACHADO, Fábio Cardoso; MACHADO, Rafael Bicca (Coord.). *A reforma do Poder Judiciário*. São Paulo: Quartier Latin, 2006, p. 136.

[53] ARRUDA ALVIM. A EC n. 45 e o instituto da repercussão geral. In: WAMBIER, Teresa Arruda Alvim. et.al. (Coord.). *Reforma do Judiciário:* primeiros ensaios críticos sobre a EC n. 45/2004. São Paulo: Revista dos Tribunais, 2005, p. 84.

[54] CAMBI, Eduardo. Critério da *transcendência* para a admissibilidade do recurso extraordinário (art. 102, § 3º, da CF): entre a autocontenção e o ativismo do STF no contexto da legitimação democrática da jurisdição constitucional. In: WAMBIER, Teresa Arruda Alvim. et.al. (Coord.). *Reforma do Judiciário: Primeiros ensaios críticos sobre a EC n. 45/2004*. São Paulo: Revista dos Tribunais, 2005, p. 164.

[55] JAUERNIG, Othmar. *Direito processual civil*. Traduzido por F. Silveira Ramos. Coimbra: Almedina, 2002, p. 362.

A alteração no sistema também prestigia os órgãos jurisdicionais inferiores, que, de meras instâncias de passagem, passarão, freqüentemente, à condição de responsáveis pela emissão do derradeiro pronunciamento. De forma indireta, beneficia também os próprios jurisdicionados. A análise dos processos submetidos ao STF poderá ser feita com mais vagar, disso resultando pronunciamentos decorrentes de reflexões mais profundas, o que acarretará em uma prestação jurisdicional de melhor qualidade.[56]

De outra sorte, a limitação de acesso – e a conseqüente redução de encargos – permite que a sociedade exerça um maior controle sobre os casos efetivamente apreciados pelo STF. De um órgão ao qual o sistema oferece um razoável padrão de racionalidade, exige-se o apropriado enfrentamento dos temas de interesse geral.

1.4. Alteração do perfil do recurso extraordinário

Em uma sociedade cada vez mais massificada, a visão clássica do processo vem cedendo espaço para novos conceitos. Embora, repita-se, o escopo principal do recurso extraordinário, mesmo antes da EC 45/2004, não se confunda – de modo imediato – com a tutela de direitos subjetivos, o fato é que, com o advento do art. 102, § 3º, da CF/88, a parte interessada deverá demonstrar que a questão discutida ostenta generalidade. Não mais basta alegar violação a direito amparado na Constituição Federal. É "o impacto das questões versadas no recurso sobre o organismo social, o meio político, a ordem econômica ou o sistema jurídico", afirma André de Albuquerque Cavalcanti Abbud, "que passa a justificar e legitimar sua apreciação pela mais alta Corte do país".[57] Reforça-se, assim, o papel do recurso extraordinário como instrumento de defesa da ordem objetiva, mais especificamente, da Constituição Federal.

---

[56] Nesse sentido, WAMBIER, Luiz Rodrigues; WAMBIER, Teresa Arruda Alvim; MEDINA, José Miguel Garcia. *Breves comentários à nova sistemática processual*: emenda constitucional n. 45/2004 (reforma do judiciário); Lei 10.444/2002; Lei 10.358/2001 e Lei 10.352/2001. 3. ed. rev., atual. e ampl. São Paulo: Revista dos Tribunais, 2005, p. 98-99.

[57] ABBUD, André de Albuquerque Cavalcanti. O processo e os novos rumos do Judiciário: desafios e tendências. *Revista de Processo,* São Paulo, v. 142, p. 268- 286, novembro 2005b, p. 276.

O novo instituto, destarte, conferirá um caráter objetivo, desvinculado de pretensões exclusivamente individuais, aos pronunciamentos do Pretório Excelso no julgamento dos processos que lhe são submetidos por força do art. 102, III, da CF/88. Costuma-se utilizar a expressão "processo objetivo" justamente para destacar o seu distanciamento daquelas regras processuais próprias dos conflitos intersubjetivos de interesses, do tipo clássico.[58]

Mesmo antes da alteração constitucional em comento, a tendência de objetivação do recurso extraordinário já podia ser verificada, seja em nível legislativo, seja em decisões do STF. Merece referência, *v.g.*, o entendimento sufragado pelo Pretório Excelso no sentido de que, no controle difuso de normas, uma vez verificada a inconstitucionalidade de determinado preceito, deveria pronunciar-se sobre a sua compatibilidade com o texto constitucional, mesmo que isso se mostrasse dispensável à resolução da controvérsia.

Veja-se, a respeito, o MS nº 20.505-DF,[59] em que se acentuou que "Argüida *incidenter tantum* a inconstitucionalidade de lei ou ato normativo, que se deva aplicar no julgamento da causa, o Plenário do STF não pode furtar-se ao exame preliminar dessa argüição". Já nos autos do RE nº 102.553-DF,[60] o STF, posto que desprovendo o recurso interposto por contribuinte, declarou inconstitucional a Resolução nº 7, de 22 de abril de 1980, do Senado Federal, referente à alíquota de tributo.

Confira-se, outrossim, excerto de recente decisão monocrática proferida pelo Ministro Gilmar Mendes, na qual se enfatizou o caráter objetivo que, em especial a partir da Lei nº 10.259/01, passou a conformar o recurso extraordinário:

> Esse novo modelo legal traduz, sem dúvida, um avanço na concepção vetusta que caracteriza o recurso extraordinário entre nós. Esse instrumento deixa de ter caráter marcadamente subjetivo ou de defesa de interesse das partes, para assumir, de forma decisiva, a função de defesa da ordem constitucional objetiva. Trata-se de orientação que os modernos sistemas de Corte Constitucional vêm conferindo ao recurso de amparo e ao recurso constitucional (*Verfassungsbeschwerde*). Nesse sentido, destaca-se a observação de Häberle segundo a qual "*a função da Constituição*

[58] TAVARES, 2005b, p. 392.

[59] Supremo Tribunal Federal. Tribunal Pleno. MS 20.505-DF. Relator: Min. Néri da Silveira. *DJ* 08 nov. 1991, p. 15953.

[60] Supremo Tribunal Federal. Tribunal Pleno. RE 102.553-DF. Relator: Min. Francisco Rezek. *DJ* 13 fev. 1987, p. 1537.

na proteção dos direitos individuais (subjectivos) é apenas uma faceta do recurso de amparo", dotado de uma "dupla função", subjetiva e objetiva, "consistindo esta última em assegurar o Direito Constitucional objetivo" (Häberle, Peter. O recurso de amparo no sistema germânico, Sub Judice 20/21, 2001, p. 33 (49).

Essa orientação há muito mostra-se dominante também no direito americano.

Já no primeiro quartel do século passado, afirmava Triepel que os processos de controle de normas deveriam ser concebidos como *processos objetivos*. Assim, sustentava ele, no conhecido *Referat* sobre "*a natureza e desenvolvimento da jurisdição constitucional*", que, quanto mais políticas fossem as questões submetidas à jurisdição constitucional, tanto mais adequada pareceria a adoção de um processo judicial totalmente diferenciado dos processos ordinários. "*Quanto menos se cogitar, nesse processo, de ação (...), de condenação, de cassação de atos estatais* -- dizia Triepel -- *mais facilmente poderão ser resolvidas, sob a forma judicial, as questões políticas, que são, igualmente, questões jurídicas*". (Triepel, Heinrich, Wesen und Entwicklung der Staatsgerichtsbarkeit, VVDStRL, Vol. 5 (1929), p. 26). Triepel acrescentava, então, que "*os americanos haviam desenvolvido o mais objetivo dos processos que se poderia imaginar (Die Amerikaner haben für Verfassungsstreitigkeiten das objektivste Verfahren eingeführt, das sich denken lässt*) (Triepel, op. cit., p. 26).

Portanto, há muito resta evidente que a Corte Suprema americana não se ocupa da correção de eventuais interpretações divergentes das Cortes ordinárias. Em verdade, com o *Judiciary Act* de 1925, a Corte passou a exercer um pleno domínio sobre as matérias que deve ou não apreciar (Cf., a propósito, Griffin. Stephen M., The Age of Marbury, Theories of Judicial Review vs. Theories of Constitutional Interpretation, 1962-2002, Paper apresentado na reunião anual da "American Political Science Association", 2002, p. 34). Ou, nas palavras do Chief Justice Vinson, "para permanecer efetiva, a Suprema Corte deve continuar a decidir apenas os casos que contenham questões cuja resolução haverá de ter importância imediata para além das situações particulares e das partes envolvidas" ("*To remain effective, the Supreme Court must continue to decide only those cases which present questions whose resolutions will have immediate importance far beyond the particular facts and parties involved*") (Griffin, op. cit., p. 34).

De forma análoga, essa é a orientação que a Lei nº 10.259/2001 buscou dar ao regime dos recursos extraordinários (porém de forma restrita, pois somente incidia naqueles recursos interpostos contra as decisões dos juizados especiais federais). Indubitavelmente, a Lei no 11.418, de 19 de dezembro de 2006, busca imprimir idêntico modelo aos recursos extraordinários convencionais, que se reproduzam em múltiplos feitos. Ora, a Lei nº 11.418/06 apenas estendeu o que era previsto de forma restritiva pela Lei nº 10.259/01.[61]

Como salienta José Afonso da Silva, "Supremo Tribunal Federal e Recurso Extraordinário complementam-se pela identidade de função. Um não se compreenderia sem o outro, no que tange à ma-

[61] Supremo Tribunal Federal. AI 685066 MC/BA, *DJ* 21 nov. 2007, p. 70

téria constitucional".[62] Ao se alterar (ou reforçar) o perfil do recurso extraordinário, modifica-se, como conseqüência lógica e inarredável,[63] o perfil do próprio Supremo Tribunal Federal.

1.5. Natureza jurídica da repercussão geral

Convém, desde já, precisar a natureza jurídica da exigência da demonstração da repercussão geral das questões constitucionais discutidas no processo.

Como é sabido, sujeitam-se os recursos a exame sob dois ângulos: primeiramente, verifica-se se estão satisfeitas as condições impostas pela lei para que o órgão judicante possa apreciar o conteúdo da irresignação; caso superada positivamente essa etapa, investiga-se o fundamento, para provê-lo, se fundado, ou desprovê-lo, se infundado.[64] Na lição de José Carlos Barbosa Moreira,

> Chama-se *juízo de admissibilidade* àquele em que se declara a presença ou a ausência de semelhantes requisitos; *juízo de mérito* àquele em que se apura a existência ou inexistência de fundamento para o que se postula, tirando-se daí as conseqüências cabíveis, isto é, acolhendo-se ou rejeitando-se a postulação. No primeiro, julga-se esta *admissível* ou *inadmissível*; no segundo, *procedente* ou *improcedente*.[65]

Quando o recurso vence o juízo de admissibilidade, em virtude do cumprimento de todas as condições, ele é conhecido; quando não o supera, ele é inadmitido ou não conhecido. O conhecimento do recurso não induz, evidentemente, a sua procedência (provimento). Apenas permite que sejam analisados os seus fundamentos, ou seja, que se ingresse no juízo de mérito.[66]

---

[62] SILVA, José Afonso da. *Do recurso extraordinário no direito processual brasileiro.* São Paulo: Revista dos Tribunais, 1963, p. 106.

[63] Já demonstramos que a quase totalidade dos processos julgados pelo STF são recursos extraordinários ou agravos interpostos em face da sua inadmissão pela instância *a quo*, nos termos do art. 544 do CPC.

[64] BARBOSA MOREIRA, 2008, v. 5, p. 261.

[65] Id., ibid.

[66] Como afirma Flávio Cheim Jorge, "O juízo positivo de admissibilidade não influencia em nada o julgamento do mérito desse recurso; apenas propicia a sua apreciação". (JORGE, 2007, p. 55).

O juízo de admissibilidade, portanto, antecede o juízo de mérito. Somente é possível verificar se o recorrente tem ou não razão quanto ao objeto do recurso quando presentes as condições de admissibilidade, que se situam no plano das preliminares.[67]

Infere-se que o instituto introduzido pelo constituinte derivado constitui *mecanismo de controle do acesso* ao STF.[68] Desde que incorporado ao ordenamento jurídico, constatou-se, sem maiores dificuldades, sua natureza de *requisito de admissibilidade* do recurso extraordinário. Foi claro, nesse sentido, o comando do art. 102, § 3º, ao se referir à necessidade de demonstração da repercussão geral da questão constitucional discutida no caso para fins de exame da *admissão do recurso*.[69]

A repercussão geral não existe de forma autônoma e não se destina a obter, por si mesma, a reforma da decisão impugnada. Visa à admissão do recurso extraordinário, para que os seus fundamentos possam ser considerados. Ausente a repercussão geral da questão constitucional, o mérito recursal não pode ser analisado.[70]

Não à toa, o art. 543-A, do CPC, prescreve que o Supremo não conhecerá do recurso extraordinário quando a questão constitucional nele versada não oferecer repercussão geral, o que vem a reforçar a conclusão de se tratar de um requisito de admissibilidade.[71] O

---

[67] NERY JUNIOR, Nelson. *Teoria geral dos recursos*. 6. ed. atual. ampl. e reform. São Paulo: Revista dos Tribunais, 2004, p. 255.

[68] Nesse sentido, Nelson Nery Junior e Rosa Maria de Andrade Nery sustentam que o instituto da repercussão geral tem natureza jurídica de medida restritiva ao cabimento do recurso extraordinário. (NERY JUNIOR, Nelson; NERY, Rosa Maria de Andrade. *Constituição Federal comentada e legislação constitucional*. São Paulo: Revista dos Tribunais, 2006b, p. 280).

[69] Nesse sentido, dentro outros, MEDINA, José Miguel Garcia; WAMBIER, Luiz Rodrigues; WAMBIER, Teresa Arruda Alvim. Repercussão geral e súmula vinculante. Relevantes novidades trazidas pela EC n. 45/2004. In: WAMBIER, Teresa Arruda Alvim. et.al. (Coord.). *Reforma do Judiciário: Primeiros ensaios críticos sobre a EC n. 45/2004*. São Paulo: Revista dos Tribunais, 2005, p. 373.

[70] GOMES JÚNIOR, Luiz Manoel. A repercussão geral da questão constitucional no recurso extraordinário. *Revista de Processo*, São Paulo, n. 119, p. 91-116, jan. 2005, p. 199.

[71] Tal como refere Eduardo Talamini, "A lei confirma tratar-se de um pressuposto de admissibilidade do recurso extraordinário. O mérito recursal não será conhecido quando se reputar ausente a repercussão geral. A rigor, poder-se-ia aludir a uma especificação – ou melhor, a uma intensificação – do pressuposto recursal atinente ao *cabimento*. Antes, o recurso caberia desde que estivesse presente na questão constitucional delineada nos termos do inciso III do art. 102 da Constituição. Agora, seu cabimento depende ainda de tal questão revestir-se de repercussão geral". (TALAMINI, Eduardo. Repercussão geral em recurso extraordinário: nota sobre sua regulamentação. *Revista Dialética de Direito Processual*, São Paulo, v. 54, p. 57, setembro 2007).

mecanismo há de ser entendido, nessa linha, como uma espécie de *filtro*. Sua presença indica que o recurso extraordinário *merece* ser analisado, mas, evidentemente, não dispensa a presença dos demais requisitos de admissão e, muito menos, traz garantia de seu provimento.

2. Antecedentes

2.1. Sistemas de controle no direito comparado

O acúmulo de trabalho nas cortes supremas é problema que não se limita ao nosso ordenamento. O grande número de litígios que lhes chegam, em especial pela via recursal, é importante fator de retardamento do desfecho dos processos,[72] desafiando ações institucionais voltadas a minimizá-lo.

No âmbito do direito comparado, a adoção de "mecanismos de filtragem" (*screening*) não é desconhecida. Louis Favoreu salienta que, nas Cortes Constitucionais européias, faz-se presente uma tendência que "consiste em fazer uma 'filtragem' dos recursos apresentados em número crescente a cada ano, na Alemanha, Itália, Áustria e Espanha".[73]

Lawrence Baum, referindo-se à Suprema Corte norte-americana, assevera:

> Pelo menos desde o final do século XIX, o aumento da atividade na Corte tem levado a queixas dos juízes de que estão sobrecarregados e incapazes de lidar efetivamente com seu trabalho. Como resultado, os membros da Corte e observadores solidários têm procurado proporcionar a ela maior controle sobre sua massa de processos através da expansão de sua autoridade quanto à apreciação de casos ou não.[74]

---

[72] BARBOSA MOREIRA, 2008, v. 5, p. 615.

[73] FAVOREU, Louis. *As cortes constitucionais*. Traduzido por Dunia Marinho Silva. São Paulo: Landy, 2004, p. 38.

[74] BAUM, Lawrence. *A Suprema Corte Americana*. Traduzido por Élcio Cerqueira. Rio de Janeiro: Forense Universitária, 1987, p. 164.

Adotados sistemas de controle do acesso aos tribunais superiores por outros países, cumpre verificá-los, em especial naquilo que se observa de comum para com o nosso ordenamento.[75] Para Cândido Rangel Dinamarco,

> A ciência processual brasileira vive, em tempos presentes mais do que nunca, uma grande necessidade de tomar consciência das realidades circundantes, representadas pelos institutos e conceitos dos sistemas processuais de outros países, para buscar soluções adequadas aos problemas da nossa Justiça.[76]

A mirada nas soluções procuradas pelo direito estrangeiro, sempre cercada de cautela e sem descurar das peculiaridades locais, além de se revestir de incontestável importância científica, permite inferir sólidos elementos comparativos, a fim de que se adotem – ou se repudiem – as alterações adotadas alhures.[77] Vejamos, pois, as experiências adotadas nos Estados Unidos, na Argentina e na Alemanha.[78]

---

[75] Mauro Cappelletti salienta que um dos meios para superar a série de dificuldade que cerca o estudo do processo civil no direito comparado, diante da multiformidade dos ordenamentos europeus, está na "tentativa de centralizar, mediante um esforço de síntese, o eu naquela multiplicidade tem de comum e unitário". (CAPPELLETTI, Mauro. *O processo civil no direito comparado.* Traduzido por Hiltomar Martins de Oliveira. Belo Horizonte: Líder, 2001, p. 14).

[76] DINAMARCO, Cândido Rangel. Processo civil comparado. *Revista de Processo*, São Paulo, v. 90, p. 46-56, abr./jun. 1998b, p. 46, abril-junho 1998.

[77] "A ninguém é lícito duvidar, nos dias que correm, da importância dos estudos comparativos, indispensáveis, entre outros fins, para que os ordenamentos jurídicos possam beneficiar-se reciprocamente das experiências levadas a cabo fora das fronteiras nacionais. Na esfera processual, os últimos decênios assistem à exploração intensa desse filão, para o que vem concorrendo a multiplicação de congressos internacionais, onde se expõem e se discutem relatórios de variadíssimas fontes acerca dos mais atuais e relevantes temas. Uma coisa, porém, é a atenção crescente ao direito comparado, [...]. Outra, bem distinta, é o deslumbramento ingênuo que impele à imitação acrítica de modelos estrangeiros". (BARBOSA MOREIRA, José Carlos. O futuro da Justiça: alguns mitos. In: TEMAS de direito processual civil: oitava série. São Paulo: Saraiva, 2004, p. 7-8).

[78] Evidentemente, não se enquadra nos estritos limites do presente trabalho o exame da experiência de todos os países que adotam mecanismos de filtragem. Assim, centra-se a abordagem em três ordenamentos, o que, não obstante, não se faz de modo aleatório. Como já adiantado, nosso recurso extraordinário tem raízes no direito norte-americano, o que recomenda a análise da restrição de acesso operada junto à Suprema Corte daquele país. Outrossim, além da proximidade territorial, tem a Argentina, como será detalhado mais adiante, um meio de impugnação semelhante ao nosso extraordinário, de mesma denominação e origem, inclusive. Já se afirmou em doutrina, aliás, que "O recurso extraordinário, ressalvado o *writ of error* do direito americano e o recurso extraordinário criado na República Argentina pela lei de 14 de setembro de 1863, não encontra similar em outras legislações cultas". (MARTINS, P. B., 1957, p. 376). Por fim, não se poderia prescindir da referência a um país europeu, motivo pelo qual a Alemanha, de notória importância ao desenvolvimento do processo enquanto ciência e que adota mecanismo de filtragem de longa data, também merece referência. Não sem motivo, pois, são estes os sistemas estrangeiros habitualmente referidos pela doutrina especializada. Assim o fazem, *v.g.*, MARINONI; MITIDIERO, Daniel. 2007, p. 19-20; ASSIS, A., 2007c, p. 696-697.

2.1.1. *Sistema norte-americano*

A Constituição dos Estados Unidos, em seu art. III, ao instituir a Suprema Corte (*United States Supreme Court*), previu, expressamente, sua competência originária (ou exclusiva); ao Congresso, de outra sorte, cometeu o regramento de sua competência recursal (ou concorrente).

Em 1891, considerando o crescente aumento de recursos a serem apreciados obrigatoriamente (*mandatory appeals*), foi criado o instituto do *writ of certiorari*. Dessa forma, algumas apelações continuaram de conhecimento obrigatório. Outras, contudo, só mediante *petition for writ of certiorari*.[79]

Na lição de Bernard Schwartz,

> [...] num país tão grande como os Estados Unidos, o direito de apelar para o mais alto tribunal deve ser restrito, do contrário o tribunal se verá assoberbado com tantas apelações que não disporá de tempo suficiente para resolvê-las. Se se permitisse que os litigantes particulares apelassem para a Côrte Suprema tôda vez que assim o desejassem, os casos seriam tão numerosos que o tribunal não poderia resolvê-los com a rapidez necessária. O resultado disso seria que alguns casos de importância geral teriam a sua decisão indevidamente protelada, enquanto o tribunal desperdiçaria o seu tempo em casos de pouca importância.[80]

A partir de uma lei do ano de 1925, operou-se nova restrição de acesso à Suprema Corte. As apelações de conhecimento obrigatório diminuíram, crescendo o número de *petitions for writ of certiorari*.[81] O direito de apelar como algo costumeiro cedeu lugar, com maior intensidade, à autoridade facultativa do órgão.

Dessa forma, entendendo o órgão que o caso não é de suficiente importância geral, pode recusá-lo.[82] Possui a Corte, portanto, faculdade discricionária (*discretionary power*)[83] para examinar quais casos,

---

[79] MACIEL, Adhemar Ferreira. Restrição à admissibilidade de recursos na Suprema Corte dos Estados Unidos e no Supremo Tribunal Federal do Brasil. *Revista de Informação Legislativa*, Brasília, n. 170, p. 7-15, abr./jun. 2006, p. 8.

[80] SCHWARTZ, Bernard. *Direito constitucional americano*. Traduzido por Carlos Nayfeld. Rio de Janeiro: Forense, 1966, p. 175-176.

[81] Id., ibid.

[82] SCHWARTZ, 1966, p. 176.

[83] Segundo Arruda Alvim, que formula interessante análise sobre o *discretionary power*, "A expressão *discretion* tem significações similares, *mas equívocas* (em rigor, polissêmicas). Mas o sentido central válido para o *certiorari* é albergar a expressão um critério conducente a um juízo político". (ARRUDA ALVIM. A EC n. 45 e o instituto da repercussão geral. In: WAMBIER,

de suficiente relevo e interesse público, merecerão sua atenção, por meio do procedimento do *writ of certiorari*.[84]

Atualmente, a *Rule 10* da Suprema Corte Americana assim prevê:

> Rule 10. Considerations Governing Review on Certiorari
>
> Review on a writ of certiorari is not a matter of right, but of judicial discretion. A petition for a writ of certiorari will be granted only for compelling reasons. The following, although neither controlling nor fully measuring the Court's discretion, indicate the character of the reasons the Court considers:
>
> (a) a United States court of appeals has entered a decision in conflict with the decision of another United States court of appeals on the same important matter; has decided an important federal question in a way that conflicts with a decision by a state court of last resort; or has so far departed from the accepted and usual course of judicial proceedings, or sanctioned such a departure by a lower court, as to call for an exercise of
>
> this Court's supervisory power;
>
> (b) a state court of last resort has decided an important federal question in a way that conflicts with the decision of another state court of last resort or of a United States court of appeals;
>
> (c) a state court or a United States court of appeals has decided an important question of federal law that has not been, but should be, settled by this Court, or has decided an important federal question in a way that conflicts with relevant decisions of this Court.
>
> A petition for a writ of certiorari is rarely granted when the asserted error consists of erroneous factual findings or the misapplication of a properly stated rule of law.[85]

Os litigantes que buscam se valer do *certiorari* indicam, por petição, as razões pelas quais, no seu entender, o caso merece a consideração do plenário. Após isso, a parte adversa é intimada para manifestação, em que poderá explicar os motivos pelos quais a Corte não deve considerar o caso.[86]

Consiste o *writ of certiorari*, especificamente, em uma ordem escrita a órgão inferior, para que este transmita o caso ao órgão supe-

---

Teresa Arruda Alvim. *et.al.* (Coord.). *Reforma do Judiciário:* primeiros ensaios críticos sobre a EC n. 45/2004. São Paulo: Revista dos Tribunais, 2005, p. 71).

[84] LUCIFREDI, Pier Giorgio. *Appunti di diritto costituzionale comparato. Il sistema statunitense.* Milano: Giuffrè, 1997, p. 120-121.

[85] RULE 10. Disponível em: <http://www.supremecourtus.gov/ctrules/2007rulesofthecourt.pdf> Acesso em: 28 set. 2007.

[86] STONE, Geoffrey R. et. al. *Constitutional law.* 5. ed. New York: Aspen, 2005, p. 160-161.

rior para revisão.[87] É necessário que quatro juízes (*rule of four*) votem pelo acolhimento da *petition for certiorari*, que será levado ao plenário. Isso não indica, no entanto, quem sairá vencedor, mas apenas que a Corte entende que o caso é suficientemente importante para ser ouvido. Mesmo após o acolhimento inicial do *certiorari*, caso a maioria da Corte entenda que o caso não deve ser objeto de julgamento, dá-se sua retirada de pauta, permanecendo intacta a decisão da corte inferior.[88] Como salienta Laurence Tribe, "Review on certiorari is not a matter of right, but one of judicial discretion, as will be granted only where special reasons exist".[89]

Analisando a experiência norte-americana, constata Araken de Assis que

> O mecanismo permite ao tribunal selecionar os casos de grande significação para a nação e, ao mesmo tempo, limita o número de processos julgados pelo tribunal em cada ano judiciário. Logrou substancial sucesso e persuadiu os mais exigentes da excelência do mecanismo.[90]

Não obstante, o controle ao acesso à Suprema Corte vale não somente para o *certiorari*, como também para o próprio *appeal*.[91] Nesse exato sentido, a observação de Arruda Alvim:

> O que deve ser remarcado é que nos Estados Unidos, recentemente, acentuaram-se as restrições de acesso à Suprema Corte, como conseqüência de alteração do

---

[87] Ralph A. Rossum e G. Alan Tarr assim definem o *writ of certiorari*: "An order from a superior court to an inferior court to forward the entire record of a case to the superior court for review. The U.S. Supreme Court may issue such writs at its discretion". (ROSSUM, Ralph A.; TARR, Alan G. *American constitutional law*. 4. ed. New York: St. Martin's Press, 1995, v. 1, p. 470).

[88] "*Certiorari* is a common-law writ ordering a lower court to transmit a fil to a higher court for review. The Supreme Court (as well as state appellate courts) uses certiorari to control its caseload. Individual desiring Supreme Court review petition the Court to grant the writ. Under the rule of four, if any four justices vote in favor of granting certiorari, the case is placed os the docket. Granting the writ does not indicate which party will prevail, but only that the Court feels the case is of sufficiente importance to be heard. Certiorary is purely discretionary. The Court decides, upon its best judgment, what cases it will hear. It is prone to entertain cases that pose novel issues of federal law (also known as *cases of first impression*), especially constitucional law; cases in which there is a conflict in interpretation of federal law between state high courts or U.S. courts of appeals has failed to follow the Supreme Court's precedents. 28 U.S.C. § 1254 provides that any party to a civil or criminal action in a U.S. court of appeals may petition for certiorari". (HALL, Daniel E. *Constitucional law: cases and commentary*. Albany, NY: Delmar, 1997, p. 130-131).

[89] TRIBE, Laurence H. *American constitutional law*. 3. ed. New York: Foundation Press, 2000, v. 1, p. 268.

[90] ASSIS, A., 2007c, p. 696.

[91] Remédio abandonado em 1988, salvo para raros casos, conforme STONE, 2005, p. 160.

§ 1.252, do U.S.C.A [...]. A finalidade da última modificação foi ensejar, ainda mais, um instrumento fortalecido para a possibilidade de escolha pela Suprema Corte do que esta julgue justificável apreciar, incluindo-se esse critério restritivo para o próprio âmbito do *appeal*.[92]

2.1.2. Sistema argentino

A Constituição argentina, em seus arts. 116 e 117, ao traçar a competência de seu mais alto tribunal, a *Corte Suprema*, divide-a em *originaria* e *apelada*. Esta, por sua vez, subdivide-se em *ordinaria* e *extraordinaria*. A competência *originaria* não pode ser ampliada ou limitada pela via legal. A competência *apelada*, consoante os próprios dispositivos constitucionais, é exercida segundo as regras e exceções estabelecidas pelo Congresso.[93]

O sistema recursal do país vizinho, à semelhança do brasileiro, consagra um meio de impugnação de decisões judiciais denominado *recurso extraordinario*. Ambos têm origem comum: o *Judiciary Act* de 1789, dos Estados Unidos, que estabeleceu o *writ of error*.[94]

Por meio do *recurso extraordinario*, pode-se levar uma causa à Corte Suprema da Nação argentina, para que esta exerça o controle de constitucionalidade. Trata-se de canal excepcional, pelo qual se provoca a revisão da *superlegalidad* das normas aplicadas.[95] Inicialmente, em seu esboço originário e dada a sua qualidade de extraordinário, eram-lhe estranhas as questões de fato e de prova, assim como as questões de direito vinculadas à aplicação e interpretação

---

[92] ARRUDA ALVIM. 2005, p. 72.

[93] MORELLO, 2006, p. 4-5. Note-se a profunda semelhança com o modelo da Suprema Corte Americana.

[94] Araken de Assis aponta, inclusive, ao lado do *writ of error* norte-americano, o direito argentino como um dos modelos em que se baseou o legislador pátrio na criação do recurso extraordinário. Refere-se o processualista gaúcho, mais especificamente, à "apelação – posteriormente também designada de recurso extraordinário – para a respectiva Corte Suprema, cabível contra sentenças definitivas dos tribunais superiores das províncias, e prevista no art. 7º c/c art. 23 da Lei 27, de 16.10.1862, depois no art. 14 da Lei 48, de 14.09.1863". (ASSIS, A., 2007c, p. 671). No direito argentino, confira-se a doutrina de Augusto Mario Morello: "El recurso extraordinario diseñado por el legislador argentino se reguló tomando como modelo a la *Judiciary Act* de 1789, que organizo, inicialmente, el funcionamento de los tribunales federales de los EE.UU. La ley norteamericana estableció em las secciones 22 y 25 el llamado *writ of error*, el cual prácticamente fue trasvasado a la ley 48". (MORELLO, 2006, p. 8).

[95] HITTERS, Juan Carlos. *Técnica de los recursos extraordinarios y de la casación*. 2. ed. La Plata: Librería Editora Platense, 2002, p. 697.

do direito local ou comum, reservadas à Justiça das províncias, salvo se questionada sua validez constitucional.[96]

A *doctrina de la arbitrariedad*, criação pretoriana[97] nascida com o objetivo de assegurar o direito à propriedade e ao devido processo, passou a permitir a análise de fatos, a valoração da prova e a revisão de normas de direito comum, local ou processual, quando houver quebra da lógica da motivação ou indevido tratamento da questão essencial alojada na questão federal.[98] Verifica-se se a decisão reveste-se de elementos que permitam identificá-la como um ato jurisdicional válido ou se, dadas as condições verificadas no processo, pode ser tomada por arbitrária, desqualificando-a.[99]

Outra criação jurisprudencial digna de nota refere-se à chamada *gravedad institucional*. Devido a sua aplicação, tornou-se cabível o recurso, mesmo na ausência de algum de seus requisitos de admissibilidade, quando presente um interesse que supere ao das partes do processo e, assim, comprometa *la buena marcha de las instituciones*.[100]

Os mecanismos de flexibilização de cabimento do recurso extraordinário acabaram por congestionar, ainda mais, a Corte Suprema. Como resposta, o legislador, por meio da Lei nº 23.774, alterou o art. 280 do *Codigo Procesal Civil y Comercial de la Nación*, criando o

---

[96] MORELLO, op. cit., p. 11.

[97] Na lição de Mario Masciotra, "La propria Corte Suprema de La Nación a través de sus fallos fue ampliando notablemente el âmbito operativo del recurso extraordinario incorporando um 'cuarto inciso' al texto del artículo 14 de la ley 48, para configurar lo que los juristas y la jurisprudencia denominan como la doctrina de la sentencia arbitraria". (MASCIOTRA, Mario. El activismo de la Corte Suprema de Justicia (Argentina). In: BERIZONCE, Roberto Omar; HITTERS, Juan Carlos; OTEIZA, Eduardo (Coord.). *El papel de los tribunais superiores*. Buenos Aires: Rubinzal-Culzoni 2006, p. 77).

[98] MORELLO, op. cit., p. 13.

[99] Anota Juan Carlos Hitters: "De lo que llevamos expresado, surge por vía de principio que solo las cuestiones federales motivan el control por el canal del recurso extraordinario que venimos analisando. De ello se infiere que las de derecho común, de hecho y prueba, son ajenas a este canal. Sin embargo, tal pauta sufre uma importantísima excepción que opera a través del instituto del llamado recurso extraordinario por sentencia arbitraria, donde la Corte, conoce cuestiones de hecho y de derecho común, para corregir ciertos vícios de uma decisión que por ser de tal gravedad, la descalifican como tal". (HITTERS, Juan Carlos. La jurisdiccion constitucional en Argentina. In: GARCIA BELAUNDE, D.; FERNANDEZ SEGADO, F. (Coord.) *La jurisdiccion constitucional en Iberoamerica*. Madrid: Dykinson, 1997, p. 298).

[100] MORELLO, 2006, p. 15-16.

"*certiorari* argentino", conforme o denomina a doutrina.[101] Vejamos a redação do dispositivo processual, no que interessa:

> Art. 280. La Corte, según su sana discreción y com la sola invocación de esta norma podrá rechazar el recurso extraordinario, por falta de agravio federal suficiente o cuando las cuestiones planteadas resultaren insustanciales o carentes de transcendencia.

Lino Enrique Palacio, analisando a norma, leciona:

> Debe reputarse cuestión insustancial a aquella que ha sido reiteradamente resuelta em sentido contrario al postulado por el recurrente, sin que éste aporte nuevos argumentos o elementos de juicio favorables a su derecho. Con mayor claridad el artículo 31 bis de la ley 5827 erige em causal de rechazo la circunstancia de que el tribunal haya desestimado recursos sustancialmente análogos.
> Por último deben considerarse cuestiones carentes de trascendencia a aquellas que están desprovidas de toda proyección política, social o econômica. Se trata, según se percibe, de um estándar semejante al de "gravedad institucional", si bien este resulta configurado cuando los tribunales de la causa deciden cuestiones que exceden el interes particular de las partes y comprometen el interes de la comunidad, en cuyo supuesto es utilizado para resolver aquellos asuntos que a pesar de no encuadrar estrictamente en el marco del artículo 14 de la ley 48 deben atenderse con un criterio flexible, com prescindencia de impedimentos de orden formal, es decir de los denominados "ápices procesales frustratorios del Derecho federal".[102]

Veja-se, portanto, que, no direito argentino, o *recurso extraordinario* sujeita-se à demonstração da transcendência da questão discutida. O interesse único das partes não basta para a abertura da via extraordinária. Exige-se a projeção econômica, social ou política, ou seja, afigura-se fundamental que, da apreciação do caso, projetem-se reflexos que repercutam além dos estritos limites do feito. Para rechaçar o recurso extraordinário, basta invocar a norma prevista no art. 280 do *CPCCN*, dispensando-se qualquer outro fundamento.[103]

Augusto Mario Morello, no entanto, salienta que o mecanismo argentino não se ajustou à sua fonte (o *certiorari* americano). Os números e as estatísticas indicam que a ferramenta não alcançou o resultado esperado. Sua utilização, ademais, gera dúvidas e suspei-

---

[101] BERIZONCE, Roberto Omar. Sobrecarga, misión institucional y desahogo del sistema judicial. In: BERIZONCE, Roberto Omar; HITTERS, Juan Carlos; OTEIZA, Eduardo (Coord.). *El papel de los tribunais superiores*. Buenos Aires: Rubinzal-Culzoni, 2006, p. 435.

[102] PALACIO, Lino Enrique. Simplificación de los recursos extraordinarios. In: BERIZONCE, Roberto Omar; HITTERS, Juan Carlos; OTEIZA, Eduardo (Coord.). *El papel de los tribunais superiores*. Buenos Aires: Rubinzal-Culzoni, 2006, p. 297-298.

[103] Ibid., p. 296-298.

ções. Afirma o autor que a *doctrina de la arbitrariedad* continua sendo utilizada de forma corrente no Tribunal, *"constituyendo la causal de mayor uso"*.[104]

A possibilidade de um caso revestir-se de gravidade institucional justifica, de outra sorte, um instituto também utilizado pela Corte Suprema argentina: o *per saltum*.[105] Mediante sua aplicação, pode o órgão, sem que o pleito lhe seja levado pela via impugnativa, ocupar-se de questão que ofereça transcendência institucional, com fundamento de que ela se encontra facultada para adotar, em casos muito especiais, medidas para salvaguardar o correto exercício da função jurisdicional.[106]

2.1.3. Sistema germânico

Divide-se a competência jurisdicional, na Alemanha, em cinco âmbitos: ordinária, contenciosa-administrativa, financeira, trabalhista e social. Acima destas ordens jurisdicionais, estão presentes, como tribunais supremos da federação, o Tribunal Supremo Federal (*Bundesgerichtshof*), o Tribunal Contencioso-Administrativo Federal (*Bundesverwaltungsgericht*), o Tribunal da Fazenda Federal (*Bundesfinanzhof*), o Tribunal Federal do Trabalho (*Bundesarbeitsgerich*) e o Tribunal Social Federal (*Bundessozialgerich*). Tais órgãos têm, primariamente, a função de salvaguardar a unidade jurídica e de servir ao desenvolvimento do direito.[107] Cada ramo é disciplinado por diplomas normativos específicos.[108]

A organização judiciária escalona-se em três graus de jurisdição. Na cúpula, estão os respectivos Tribunais Federais. O recurso mediante o qual se pode chegar a um tribunal supremo é chamado de *revisão*. Caracteriza-se por um reexame da causa, mas restrito a questões de direito, sem espaço para a análise de aspectos fáticos. O acesso a tais tribunais depende do fato de que o tribunal de segundo

---

[104] MORELLO, 2006, p. 20-21.

[105] Sobre o assunto, v. HARO, Ricardo. El *per saltum* en la justicia federal argentina. *Anuario Iberoamericano de Justicia Constitucional*, Madrid, n. 5, p. 183-205, 2001.

[106] HITTERS, 1997, p. 299.

[107] BENDA, Ernst. *et. al. Manual de derecho constitucional*. 2. ed. Madrid: Marcial Pons, 2001, p. 775.

[108] No âmbito da jurisdição constitucional, refira-se a existência do Tribunal Constitucional Federal (*Bundesverfassungsgericht*).

grau se refira à admissibilidade da revisão. Tais razões são chamadas de *importância fundamental da causa* (*grundsätzliche Bedeutung der Rechtssache*).

Especificamente no âmbito do processo civil, regulado pela *ZPO*, o § 543, item 2, primeira oração, estabelece os seguintes requisitos de admissão obrigatória da revisão para o tribunal de alçada que o deva conhecer: a) que a questão jurídica tenha um significado fundamental; ou b) que favoreça ao aperfeiçoamento do direito ou assegure a unificação da jurisprudência, que justifique uma resolução a ser tomada mediante esse recurso pelo tribunal revisor (*BGH*). Tais pressupostos correspondem às regras estabelecidas para o recurso de apelação (*Berufung*), conforme o § 511, item 4, da *ZPO*. A divergência do pronunciamento emitido pela alçada com entendimento pacífico do *BGH* não é mais previsto expressamente como causa para concessão da revisão, embora possa ser tido como um subcaso de alguns dos requisitos de admissão obrigatória acima referidos.[109]

A exigência da importância fundamental da causa (*grundsätzliche Bedeutung der Rechtssache*) tem influência do direito norte-americano. Há, no entanto, diferença fundamental: no direito alemão, é o tribunal de segundo grau (órgão *a quo*) que se manifesta a respeito da importância fundamental da causa.[110]

José Carlos Barbosa Moreira, em ensaio sobre a reforma do processo civil alemão, observa:

> A reiterada alusão, em matéria de admissibilidade de recursos, à "significação fundamental" (*grundsätzliche Bedeutung*) da questão de direito suscitada (alusão que já se via no antigo § 546 da *ZPO*, com referência à *Revision*), traz à lembrança do jurista brasileiro o requisito da "relevância da questão federal", que em certa época adotou o STF para restringir o cabimento do recurso extraordinário em determinadas hipóteses, com base na autorização que lhe dava o art. 119, par. ún., da EC 1, de 17.10.1969. Na doutrina alemã, o conceito de "significação fundamental" foi traduzido, sinteticamente, dizendo-se que a questão discutida, na aplicação concreta, devia ser suscetível de generalização a um número indeterminado de casos, e a decisão a seu respeito servir à unidade e ao desenvolvimento do direito. Abstraindo-se de

[109] RAGONE, Álvaro J. Pérez; PRADILLO, Juan Carlos Ortiz. *Código Procesal Civil alemán (ZPO)*. Montevideo: Konrad-Adenauer, 2006, p. 129-130.

[110] NERY JUNIOR, 2004, p. 102-103.

discrepâncias de formulação, a nota essencial consiste em que a matéria precisa revestir interesse que transcenda nitidamente os lindes do caso concreto.[111]

A título de curiosidade, ora reforçada pela referência já formulada no tocante ao direito argentino, o sistema germânico prevê, desde 13 de fevereiro de 1924, a *revisio per saltum*. Tal remédio, em linhas gerais, visa a conduzir, o mais rapidamente possível, nas questões jurídicas de importância geral ou fundamental, a uma resolução pelo tribunal de revisão.[112] Como se constata mais uma vez, é íntima a relação entre os tribunais superiores e as questões que se revistam de maior significação.[113]

2.2. Sistemas de controle no direito nacional

Nosso ordenamento não desconhece mecanismos cujas características apontam na direção da limitação das questões a serem apreciadas pelas cortes superiores. Como institutos análogos, podemos citar a antiga *argüição de relevância* e o atual critério da *transcendência*, previsto na CLT.

2.2.1. Argüição de relevância

A Constituição de 1967, com a redação que lhe foi dada pela Emenda Constitucional nº 1, de 1969, estabelecia, em seu art. 119, a competência para o STF julgar, mediante recurso extraordinário, as causas decididas em única ou última instância por outros tribunais, quando a decisão recorrida: a) contrariasse dispositivo da Constituição ou negasse vigência de tratado ou lei federal; b) declarasse a inconstitucionalidade de tratado ou lei federal; c) julgasse válida lei

---

[111] BARBOSA MOREIRA, Breve notícia sobre a reforma do processo civil alemão. *Revista do Processo*, São Paulo, v. 111, p. 103-112, jul./set. 2003, p. 111-112.

[112] ROSEMBERG, Leo. *Tratado de derecho procesal civil*. Buenos Aires: Europa-America, 1955, t. 2, p. 405.

[113] Piero Calamandrei, ao analisar o excesso de trabalho do *Reichtsgericht* e a reforma da Revisão, acentuou que, ainda que por meios diversos, todas as soluções dirigiam-se ao mesmo fim: "admitir la Revisión en aquellos casos em los que verdaderamente este em juego el interes del Estado em la unificación de la jurisprudência, y excluirla em aquellos casos em que la misma aprovecharía solamente al interés privado de los litigantes". (CALAMANDREI, 1961, t. 1, v. 2, p. 244).

ou ato do governo local contestado em face da Constituição ou de lei federal; ou d) desse à lei federal interpretação divergente da que lhe tivesse dado outro Tribunal ou o próprio Supremo Tribunal Federal. As causas previstas nas alíneas "a" e "d" seriam indicadas pelo STF em seu regimento interno, atendendo à sua natureza, espécie ou valor pecuniário.

Atendidos os parâmetros constitucionais, possuía o STF, portanto, *competência legislativa* para restringir, via regimento interno, a admissibilidade de recursos extraordinários nas hipóteses de contrariedade a dispositivo da Constituição ou negativa de vigência de tratado ou lei federal; e de interpretação divergente dada por outro tribunal ou pelo próprio STF.

Na redação de 1970, o Regimento Interno do Supremo Tribunal Federal, em seu art. 308, excluiu o recurso extraordinário nos casos de litígios decorrentes de acidente do trabalho e das relações de trabalho mencionadas no art. 110 da Constituição; nos mandados de segurança, quando não julgado o mérito; e nas causas cujo benefício patrimonial, determinado segundo a lei, estimado pelo autor no pedido, ou fixado pelo juiz em caso de impugnação, não excedesse, em valor, a sessenta vezes o maior salário mínimo vigente no país, na data do seu ajuizamento, quando uniformes os pronunciamentos das instâncias ordinárias; e a trinta, quando entre elas houvesse divergência, ou se tratasse de ação sujeita a instância única. Não teriam lugar os óbices regimentais, independentemente do valor da causa, da espécie ou da natureza, quando a decisão recorrida ofendesse a Constituição ou discrepasse manifestamente da jurisprudência predominante no STF.[114]

Dentre as modificações a que foi submetido o RISTF, a mais importante, para fins de restrição ao cabimento do recurso extraordinário, foi a Emenda nº 3, de 1975.[115] Passou o art. 308 a elencar outras tantas hipóteses em que o remédio não teria cabimento. Foram excluídos, por exemplo, litígios decorrentes da previdência social, da relação estatutária de serviço público (quando não discutido o direito à constituição ou subsistência da própria relação jurídica fun-

[114] Afastou-se o cabimento do recurso extraordinário, também, nos processos por crime ou contravenção a que fossem cominadas penas de multa, prisão simples ou detenção, isoladas, alternadas ou acumuladas, bem como as medidas de segurança com eles relacionadas (RISTF, art. 308, I).

[115] NERY JUNIOR, 2004, p. 98.

damental), as ações possessórias, as de consignação em pagamento, as relativas à locação, os procedimentos sumaríssimos e os processos cautelares, as execuções por título judicial e as decisões sobre extinção do processo sem julgamento de mérito. Houve, igualmente, majoração dos tetos referidos no parágrafo anterior, para 100 e 50 salários mínimos. A Emenda 3/75, ademais, embora mantendo a contrariedade à Constituição como ressalva aos óbices regimentais, afastou do rol a decisão contrária à jurisprudência dominante do STF, prevendo, em seu lugar, a *relevância da questão federal,* para a qual foi prescrito um procedimento incidental específico.[116] Para Evandro Gueiros Leite, "A relevância poderia servir de salvo-conduto aos litigantes não apenas quanto aos vetos regimentais, mas fora deles, nas causas em que aflorasse uma questão federal".[117]

Posteriormente, a Emenda Constitucional nº 7, de 1977, consagrou, no texto constitucional, ao lado da natureza, espécie ou valor pecuniário, a *relevância da questão federal* como balizadora da delegação legislativa conferida ao STF.[118]

Em 1980, devido à alteração regimental, cresceram as restrições, elencadas no art. 325. Excepcionavam-nas as hipóteses de ofensa à Constituição, de manifesta divergência com a Súmula do STF, ou de relevância da questão federal.

Em 1985, com a Emenda Regimental nº 2, o STF *colocou na ordem direta o comando do art. 119, § 1º,* da Constituição então vigente e elencou os casos que seriam objeto de julgamento em recurso extraordinário.[119] O art. 325 do RISTF passou a vigorar com a seguinte redação:

---

[116] CALMON DE PASSOS, J. J. O recurso extraordinário e a emenda n. 3 do regimento interno do Supremo Tribunal Federal. *Revista de Processo,* São Paulo, v. 5, p. 11-22, jan./mar. 1977b. Para Antonio Carlos Marcondes Machado, "[...] esta Emenda Regimental exorbitava da permissão constitucional, porque esta não continha a possibilidade de o regimento interno do Supremo Tribunal Federal restringir a admissibilidade do recurso extraordinário, interposto com fundamento nas letras *a* e *d* da norma constitucional, em virtude da 'relevância da questão federal'." (MACHADO, Antonio Carlos Marcondes. Argüição de relevância: a competência para o seu exame. O ulterior conhecimento do recurso extraordinário. *Revista de Processo,* São Paulo, v. 42, p. 58-88, abr./jun. 1986, p. 58).

[117] LEITE, Evandro Gueiros. A Emenda 2/85 (RISTF) e a boa razão. *Revista dos Tribunais,* São Paulo, n. 615, p. 7-31, jan. 1987, p. 10.

[118] O parágrafo único do art. 119 foi transformado em § 1º, que passou a viger com a seguinte redação: "As causas a que se refere o item III, alíneas *a* e *d* , deste artigo, serão indicadas pelo Supremo Tribunal Federal no regimento interno, que atenderá à sua natureza, espécie, valor pecuniário e relevância da questão federal".

[119] LEITE, 1987, p. 11.

> Art. 325. Nas hipóteses das alíneas a e d do inciso III do artigo 119 da Constituição Federal, cabe recurso extraordinário:
> I – nos casos de ofensa à Constituição Federal;
> II – nos casos de divergência com a Súmula do Supremo Tribunal Federal;
> III – nos processos por crime a que seja cominada pena de reclusão;
> IV – nas revisões criminais dos processos de que trata o inciso anterior;
> V – nas ações relativas à nacionalidade e aos direitos políticos;
> VI – nos mandados de segurança julgados originalmente por Tribunal Federal ou Estadual, em matéria de mérito;
> VII – nas ações populares;
> VIII – nas ações relativas ao exercício de mandato eletivo federal, estadual ou municipal, bem como às garantias da magistratura;
> IX – nas ações relativas ao estado das pessoas, em matéria de mérito;
> X – nas ações rescisórias, quando julgadas procedentes em questão de direito material;
> XI – em todos os demais feitos, quando reconhecida a relevância da questão federal.

Na lição de José Carlos Moreira Alves,

> Ao julgar a argüição de relevância, o Supremo Tribunal Federal emite um julgamento em tese – o de que, em abstrato, a questão que lhe é exposta interessa à Federação –, e, como ocorre com referência a qualquer julgamento em tese, pratica um ato de natureza política, no exercício de sua missão constitucional do Tribunal da Federação.
> Sua acolhida implica, apenas, o reconhecimento, em tese, de que a questão federal em que está envolvido o interesse do suscitante dela apresenta, em si mesma e independentemente deste, relevo suficiente para que se afaste a restrição preliminar ao cabimento do recurso extraordinário consubstanciada no óbice regimental existente.[120]

A relevância passou a funcionar como uma *válvula de escape*,[121] atenuando a rigidez da previsão regimental taxativa.[122] José Carlos Barbosa Moreira sublinhava a função processual da argüição:

---

[120] MOREIRA ALVES, José Carlos. A missão constitucional do Supremo Tribunal Federal e a argüição de relevância de questão federal. *Revista do Instituto dos Advogados Brasileiros*, São Paulo, v. 16, p. 41-63, jan./dez. 1982, p. 47.

[121] NERY JUNIOR, 2004, p. 104.

[122] "[...] a técnica adotada pelo atual regimento, difere daquela empregada nos regimentos anteriores, em que casuisticamente se excetuavam as hipóteses de não cabimento. Todavia, a finalidade a ser atingida, por meio da disciplina do atual RI é a mesma dos precedentes RIs; nestes antigos regimentos, entretanto, havia explicitude, através de definição das hipóteses, de quais delas não comportavam RE, com o que, se não tivesse havido 'exclusão', era caso de RE com *fulcro direto* nas letras 'a' e 'd', do inc. III, do art. 119, C.F. Atualmente, porém, o que não está 'positivamente' previsto como ensejando RE, 'ipso facto', resta excluído. Se perqüirirmos o critério último, subjacente a se terem colocado, lado a lado, restrições ao cabimento

A presença de qualquer das circunstâncias catalogadas nos incisos do art. 325 do Regimento Interno constitui *impedimento* à recorribilidade extraordinária; a argüição de relevância da questão federal visa à *remoção do impedimento.* Se bem que, no texto constitucional em vigor, tal relevância venha mencionada *ao lado* dos critérios de natureza, espécie e valor pecuniário da causa, na disciplina regimental, consoante já se observou, a função por ela desempenhada é *oposta* à dos outros critérios: enquanto deles se vale o Regimento para *excluir* o cabimento do recurso, para *abrir exceções* a esse cabimento, o critério da relevância serve precisamente para *excluir a exclusão,* para *abrir exceção às exceções,* ou, em termos mais exatos, para *manter a regra* de que, satisfeitos os pressupostos da Carta da República, o recurso extraordinário é cabível.[123]

Entendia-se como relevante, segundo o art. 327, § 1°, do RISTF, a questão federal que, pelos reflexos na ordem jurídica, e considerados os aspectos morais, econômicos, políticos ou sociais da causa, exigisse a apreciação do recurso extraordinário pelo Tribunal. Não houve, pelo STF, uma definição de quais seriam os elementos constitutivos da relevância; houve, em verdade, uma indicação de valores suscetíveis de tutela, para o fim de poder ser argüida – e, eventualmente, acolhida – a relevância da questão federal.[124]

Victor Nunes Leal, antes mesmo da adoção do mecanismo, sustentava que a alta relevância da questão de direito federal se revelava quando presente reflexo além do exclusivo interesse das partes litigantes. Assim explicou:

Antes de tudo, a relevância, para êsse efeito, será apurada especialmente do ponto-de-vista do interêsse público. Em princípio, qualquer problema de aplicação da lei é de interêsse público. Mas, na prática, muitas questões têm repercussão limitada às partes, ou a pequeno número de casos, e há problemas legais cujas conseqüências

do RE e argüição de relevância, *neutralizadora esta daquelas,* verificar-se-á o acerto do sistema, à luz da própria Justiça, num dos elementos que esta tem de essencial, ou seja, o critério de *igualdade.* Ora, se se privilegiaram constantemente algumas questões e causas, como idôneas para o RE, mas, se de outra parte, e complementarmente, admite-se que causas e questões [ainda que não originariamente privilegiadas, *ex lege*], desde que tenham os mesmos atributos que as privilegiadas, ensejem, estas outras, também RE, a idéia ínsita, neste mecanismo, é a da igualdade". (ARRUDA ALVIM, 1988, p. 25-26).

[123] BARBOSA MOREIRA, José Carlos. *Comentários ao Código de Processo Civil.* 4. ed. rev. e atual. Rio de Janeiro: Forense, 1981, v. 5, p. 658.

[124] ARRUDA ALVIM, 1988, p. 52. Para o autor, "[...] os elementos do 'conceito', componentes desta norma, são vagos, e o que existe, no caso, é menos uma 'definição', mas uma 'referência', com o sentido de que se designa como a 'relação orientada, no mais das vezes não determinada [mas determinável], que se estabelece (ou é reconhecida) entre duas grandezas quaisquer. No caso, as grandezas em jogo são, respectivamente, o RE e a questão relevante. Uma vez que se identifique, por ato concreto do S.T.F. (art. 328, § 5°, VII), em questões normalmente irrelevantes, o *quid* da relevância, estas passam a comportar RE". (Id. Ibid., p. 52-53).

são muito reduzidas, mesmo para as partes, servindo antes como pretexto para manobras protelatórias ou que visam a subtrair o mérito do litígio ao direito aplicável.[125]

A argüição de relevância baseou-se, principalmente, no direito norte-americano, mais especificamente na prática da *Supreme Court* na apreciação das *petitions for certiorari*.[126] Evandro Lins e Silva definiu-a como uma pré-condição ou pré-requisito do recurso.[127] De fato, não constituía a argüição de relevância outro recurso que se devesse apresentar em separado. Integrava o recurso extraordinário, em capítulo específico e destacado,[128] visando a excluir sua inadmissibilidade.[129]

No que toca ao seu procedimento,[130] a argüição de relevância da questão processava-se por instrumento e possuía registro autônomo. Seu exame competia privativamente ao STF, em sessão de Conselho. O tribunal de origem não detinha o juízo de admissibilidade da argüição. Do despacho que indeferisse o processamento da argüição de relevância, caberia agravo de instrumento. A argüição seria acolhida quando, nesse sentido, se manifestassem quatro

[125] LEAL, Victor Nunes. O requisito da "relevância" para redução dos encargos do Supremo Tribunal Federal. *Revista dos Tribunais*, São Paulo, n 360, p. 7-18, out. 1965, p. 12.

[126] BARBOSA MOREIRA, José Carlos. *Comentários ao Código de Processo Civil*. 12. ed. rev. e atual. Rio de Janeiro: Forense, 2005b, v. 5, p. 584.

[127] LINS E SILVA, 1976, p. 11.

[128] BAPTISTA, N. Doreste. *Da argüição de relevância no recurso extraordinário*: comentários à emenda regimental nº 3, de 12-6-1975, do Supremo Tribunal Federal. Rio de Janeiro: Forense, 1976, p. 91. Acentua Eduardo de Avelar Lamy que o "incidente possuía procedimento próprio para efeito de registro junto ao STF, não constituindo, portanto, recurso autônomo ou subordinado, mas nascendo em função do recurso extraordinário e dele não se desvinculando, senão fisicamente". (LAMY, Eduardo de Avelar. Repercussão geral no recurso extraordinário: a volta da argüição de relevância? In: WAMBIER, Teresa Arruda Alvim. et.al. (Coord.). *Reforma do Judiciário:* primeiros ensaios críticos sobre a EC n. 45/2004. São Paulo: Revista dos Tribunais, 2005, p. 168).

[129] "Constitui, portanto, um incidente prévio no processamento do recurso extraordinário. Nos casos dependentes da exclusão da inadmissibilidade do recurso, isto é, subordinados ao reconhecimento preliminar da relevância da *federal question*, a 'argüição de relevância' é o único caminho para se chegar ao julgamento do recurso extraordinário. De passagem, anote-se que, reconhecida a relevância, o apelo extremo alcançará o Supremo Tribunal Federal para que seja examinado, seja no seu juízo de admissibilidade, seja no seu juízo de mérito, sem que tenha sido submetido ao prévio juízo de sua admissibilidade no tribunal de origem, como ordinariamente ocorre (art. 543, § 1º, do CPC), tudo por força do disposto no art. 329, do mesmo Regimento Interno, com a redação que acaba de ser dada pela Emenda Regimental n. 2, de 1985". (MACHADO, 1986, p. 65).

[130] Sobre o procedimento da argüição de relevância, v. o didático ensaio de CORRÊA, Oscar Dias. A missão atual do Supremo Tribunal Federal e a constituinte. *Revista de Direito Administrativo*, Rio de Janeiro, v. 160, p. 1-31, abr./jun. 1985, p. 7-30.

ou mais ministros. A decisão do Conselho era, em qualquer caso, irrecorrível.[131] Tratava-se de ato essencial, prévio à possibilidade de admissão jurisdicional do recurso extraordinário. Acolhida, era comunicado o Presidente do Tribunal de origem, para que fizesse processar o recurso extraordinário, embora não implicasse o seu ulterior conhecimento, pela Turma ou pelo Plenário.

O objetivo do mecanismo, quando introduzido na época ditatorial, foi o de reduzir os encargos do Supremo Tribunal Federal, conforme preconizava Victor Nunes Leal, um de seus maiores idealizadores.[132]

As principais críticas dirigidas à argüição de relevância centravam-se, basicamente, em três aspectos: 1) falta de clareza de seu conceito ou excessivo subjetivismo;[133] 2) apreciação em sessão administrativa, não pública; e 3) ausência de motivação na sua apreciação. J. J. Calmon de Passos sustentava a inconstitucionalidade e a inconveniência do julgamento sem fundamentação, assim afirmando:

> O que cumpre ser ressaltado, enfaticamente, inclusive, é que da delegação constitucional, contida no parág. único do art. 119, jamais se pode retirar a conclusão de ter sido liberado o Supremo de justificar seus juízos de inadmissibilidade nos recursos extraordinários interpostos com fundamento em relevância da questão federal. Uma coisa é deixar-se a conceituação da relevância ao justo arbítrio dos julgadores. Ou-

---

[131] RISTF, arts. 327, *caput* e § 2º; e 328, *caput*, e VII.

[132] "Esta válvula, não somente reduziria o serviço do Supremo Tribunal a proporções exeqüíveis, como daria melhor teor doutrinário às suas decisões, em correspondência com sua posição de Tribunal de cúpula". (LEAL, 1965, p. 11). José Carlos Moreira Alves sustentou a argüição de relevância como a melhor solução para enfrentar a *crise do Supremo Tribunal Federal.* (MOREIRA ALVES, 1982, p. 45).

[133] Veja-se a crítica de M. Seabra Fagundes, em ensaio publicado antes mesmo do advento da Constituição de 1967: "O critério de vinculação do conhecimento do recurso extraordinário à ocorrência, na causa, de *questão federal de alta relevância,* arma os juízes de um ilimitado arbítrio na admissão dos recursos, desde que transfere para um plano estritamente subjetivo os pressupostos do respectivo cabimento. E por mais devotados que sejam ao estudo os componentes do Supremo Tribunal, é de recear que lhes caiba decidir pela aplicação de um critério tão dútil pois a margem de êrro, própria de todo juízo humano, é tanto maior quanto menos condicionado a normas rígidas êsse juízo. A segurança dos direitos do indivíduo, quer em face do Estado, que modernamente cada dia com êles mais interfere, quer em face de pessoas privadas, ainda tem o seu melhor instrumento no teor estrito das normas legais, no mínimo de arbítrio que se deixe ao administrador e ao juiz chamado a corrigir os erros ou demasias dêste. E se o arbítrio do Poder Executivo é perigoso, porque fàcilmente trabalhável o administrador por influências políticas, o do Poder Judiciário o é mais ainda, porque irremediável nas suas conseqüências. Os critérios de julgar estritamente subjetivos, são sempre de temer pelas desconcertantes variações de opinião a que se conduzem. [...]". (SEABRA FAGUNDES, M. A Reforma do Poder Judiciário e a Reestruturação do Supremo Tribunal Federal. *Revista Forense,* Rio de Janeiro, v. 215, p. 5-12, jul./set. 1966, p. 9).

> tra coisa é liberá-los, perante a Nação e perante a consciência jurídica nacional, de motivar e tornar assim, compartilhável pelo povo brasileiro, de quem o Supremo é mero delegado, os critérios adotados para a conceituação da relevância ou para a afirmação da irrelevância da questão federal.[134]

Para José Carlos Barbosa Moreira, a dispensa de motivação sobre a relevância ou a irrelevância da questão federal argüida pelo recorrente não seria compatível com a garantia da "justificação formal", inerente ao Estado de Direito. Confira-se a lição do autor:

> Nem se diga que o fato de inexistir critério legal vinculativo, a ser observado na qualificação da questão como "relevante", torna inócua a exigência da motivação. Já se acentuou que as opções do órgão judicial devem ser justificadas ainda quando (ou melhor: *sobretudo* quando) descansem sobre juízos de valor. É evidente que, ao deliberar acerca da argüição de relevância, o Supremo Tribunal Federal há de guiar-se por algum critério. Na medida em que esse critério, embora desprovido de rigidez, seja *racional* – e não puramente "voluntarístico", ou ditado pelo "sentimento" ou pela "intuição" – pode ser explicado, e diríamos mais: reclama explicação. Até porque, elástico que seja, o critério, para conservar-se digno desse nome, há de ser aplicado um mínimo de coerência e de homogeneidade. Se dois litigantes, em casos análogos, argúem a relevância da mesma questão federal, é de esperar, em princípio, que recebam iguais respostas; e, na hipótese de as receberem desiguais, faz-se indispensável ao controle extraprocessual do funcionamento do mecanismo assecuratório que se conheçam os motivos da diferença de tratamento, que se identifiquem as peculiaridades em virtude das quais um viu acolhida e outro rejeitada a sua argüição.[135]

Em defesa do sistema, sustentava-se, em síntese, que o julgamento não tinha índole jurisdicional.[136] A partir da Emenda Regimental nº 2/85, determinou-se que, nas argüições acolhidas, fosse explicitada a questão federal havida como relevante, o que se dava mediante verbetes.[137]

A argüição de relevância perdurou até o advento da Constituição Federal de 1988. Criado o Superior Tribunal de Justiça, como já referido, desincumbiu-se o STF da tarefa de guardião da legislação federal, que passou a figurar dentre as competências do novo

[134] CALMON DE PASSOS, J. J. Da argüição de relevância no recurso extraordinário. *Revista Forense,* Rio de Janeiro, v. 259, jul./set. 1977a, p. 20.

[135] BARBOSA MOREIRA, José Carlos. A motivação da sentença como garantia inerente ao Estado de Direito. *Revista Jurídica,* Porto Alegre, v. 89, p. 102-115, maio 1978, p. 113-114.

[136] SANCHES, Sydney. Argüição de relevância da questão federal. *Revista dos Tribunais,* São Paulo, v. 627, p. 257-263, jan. 1988, p. 260.

[137] RISTF, art. 328, VIII.

tribunal, previstas no art. 105 da Lei Maior. Dessa forma, os óbices regimentais até então existentes para o recurso extraordinário não se projetaram para o recurso especial.[138]

Extinta a argüição de relevância, ficaram os tribunais superiores sem instrumento adequado para tornar seletiva a interposição dos recursos, especial e extraordinário.[139] José Celso de Mello Filho manifestou-se favoravelmente ao retorno do requisito da relevância, tendo assim afirmado:

> Entendo recomendável discutir, ainda, a possível reintrodução em nosso sistema constitucional do instrumento da argüição de relevância, para permitir à Suprema Corte o exercício do poder de selecionar, com prudente discrição, as causas suscetíveis de exame jurisdicional, em sede de recurso extraordinário, à semelhança do que já ocorreu sob a égide da Carta Política anterior e do que se verifica, hoje, no sistema processual argentino (CPC, art. 280, na redação dada pela Lei Federal argentina 23.774/90) e no ordenamento jurídico norte-americano, com o instituto do *writ of certiorari*.[140]

2.2.2. *Confronto entre a argüição de relevância e a exigência da repercussão geral no recurso extraordinário*

Embora as inegáveis características em comum, não há que se confundir a antiga argüição de relevância com a atual exigência de demonstração da repercussão geral da questão constitucional para o conhecimento do recurso extraordinário. O mecanismo de controle introduzido pela EC 45/04 possui contornos próprios, que o diferenciam, de modo formal e substancial, da argüição de relevância. Ainda que, quando do enfrentamento do procedimento da repercussão geral, torne-se possível concluir nesse sentido, revela-se oportuno,

---

[138] Nesse sentido: "Constitucional. Processual civil. Recurso. Direito transitório. Ordem constitucional: substituição. Recurso especial interposto após a instalação do Superior Tribunal de Justiça. C.F., art. 105, III. ADCT. art. 27, § 1°. I. Recurso especial interposto sob o pálio da ordem nova, assim após a instalação do S.T.J.: impossiblidade de serem invocados óbices próprios do recurso extraordinário em sentido estrito, inscritos no regimento do Supremo Tribunal Federal. Não há cogitar, neste caso, da interposição de argüição de relevância, instituto processual inexistente na nova ordem constitucional. apenas os recursos interpostos sob o pálio da ordem velha, vale dizer, até à instalação do S.T.J., é que estariam sujeitos aos óbices do RI/STF. II. Recurso extraordinário conhecido e provido". (Supremo Tribunal Federal. Segunda Turma. RE 123507/DF. Relator: Min. Carlos Velloso. *DJ* 19 fev. 1993, p. 2038).

[139] NERY JUNIOR, 2004, p. 271-272. Propugnava, o autor, a adoção de expediente análogo à argüição de relevância, tanto para o cabimento do recurso extraordinário como do especial.

[140] MELLO FILHO, José Celso de. Algumas reflexões sobre a questão judiciária. *Revista do Advogado*, São Paulo, v. 24, n. 75, p. 43-53, abr. 2004, p. 49-50.

desde já, pontuar alguns itens, suficientes para afastar qualquer confusão que se possa fazer entre os institutos.

Não se pode desconhecer, em um primeiro momento, a distinção quanto aos fundamentos de validade dos institutos. A argüição de relevância era prevista em Carta outorgada durante o regime ditatorial militar. Já a repercussão geral integra um ordenamento que tem, no seu ápice, uma Constituição promulgada, que marcou o rompimento com o regime anterior e restabeleceu o Estado Democrático de Direito entre nós. Embora relevante do ponto de vista histórico, contudo, esse dado, por si só, não é suficiente para rechaçar o confronto analítico entre os mecanismos.[141] Necessário o aporte de outros elementos comparativos, centrados nas características dos institutos.

Salienta-se, dessa forma, o primeiro dentre os pontos de maior importância: a repercussão geral, ao contrário do que ocorria com a argüição de relevância, atua como elemento de exclusão do recurso extraordinário.[142] Trata-se de requisito genérico, no sentido de ser exigível a todo recurso extraordinário interposto. Independentemente da matéria tratada, caso não se demonstre que a questão constitucional discutida no feito ostenta a necessária repercussão geral, não será conhecida a irresignação da parte sucumbente. Além disso, no sistema atual, não houve delegação constitucional de poder legiferante ao STF para, em seu regimento interno, indicar as questões que oferecem, ou não, repercussão geral.

Por outro lado, averiguava-se, no sistema anterior, a relevância da *questão federal*. A violação à Constituição Federal não se sujeitava à demonstração de relevância. Hoje, ao revés, considerando as hipóteses de incidência do recurso extraordinário, apenas a *questão constitucional* submete-se à aferição de sua repercussão geral. Aliás, muito se questiona o motivo pelo qual uma questão constitucional pode não oferecer repercussão geral, enquanto que, inexistente sis-

---

[141] Para Lenio Luiz Streck, "Não se pode confundir o instituto da antiga 'argüição de relevância' com a atual exigência da comprovação da 'repercussão geral', pela simples razão de que a primeira possuía outro fundamento de validade, que era uma Constituição fruto do arbítrio, sustentada no malsinado AI 5". (STRECK, Lenio Luiz. A "repercussão geral das questões constitucionais" e a admissibilidade do recurso extraordinário: a preocupação do constituinte com as "causas irrelevantes". In: AGRA, Walber de Moura, coordenador. *Comentários à reforma do poder judiciário.* Rio de Janeiro: Forense, 2005, p. 135).

[142] ASSIS, A., 2007c, p. 695.

tema análogo de controle do acesso ao STJ, toda a questão federal está sujeita a questionamento pela via do recurso especial.[143]

Para o acolhimento da relevância, fazia-se necessário o voto de quatro ministros. Pelo que se verifica do art. 102, § 3º, da CF/88, somente com o voto de dois terços do STF é possível recusar a presença da repercussão geral.[144]

A análise da argüição de relevância, outrossim, ocorria em sessão secreta, independentemente de sorteio de relator, prescindindo de motivação.[145] Por força do que dispõe o art. 93, IX, da CF/88, a apreciação da repercussão geral deverá ser pública, e a sua decisão, fundamentada. Por fim, a argüição de relevância processava-se por instrumento. Dependia da instauração de incidente específico no processamento do recurso extraordinário, exigência que não se dá quanto ao processamento da repercussão geral, no qual não ocorre qualquer cisão instrumental.

2.2.3. *Transcendência trabalhista*

Dentre as espécies recursais previstas no âmbito do processo do trabalho, encontra-se o recurso de revista.[146] Embora previsto na

---

[143] "É surpreendente, todavia, que tenha entendido o legislador constitucional deverem-se distinguir questões relevantes das não-relevantes, *no plano do direito constitucional e não no plano da lei federal*, como se tudo o que constasse da lei federal fosse relevante. Desconhecemos inteiramente as razões que podem ter levado a que se chegasse a esse incompreensível resultado final na redação da Constituição Federal, embora seja de supor que a exclusão do STJ do sistema de repercussão geral esteja ligada à inexorabilidade do exercício de uma certa função 'controladora', pelo STJ, em relação aos Tribunais de 2º grau de jurisdição. É possível que, no futuro, tendo sucesso o Conselho Nacional de Justiça como órgão cuja função precípua é realmente a de controlar o exercício da atividade dos juízes, em todo o País possa o STJ retomar, por assim dizer, seu papel natural". (MEDINA; WAMBIER; WAMBIER, 2005, p. 373-374). Ainda que não tenha sido prevista a exigência de demonstração da "repercussão geral da questão federal", importa destacar que, recentemente, no plano infraconstitucional, foi publicada a Lei nº 11.672/08, a qual acrescentou o art. 543-C ao Código de Processo Civil, disciplinando o procedimento para o julgamento de recursos repetitivos no âmbito do Superior Tribunal de Justiça. A norma guarda semelhança com a contida no art. 543-B do mesmo diploma, referente ao processamento dos recursos extraordinários fundados em idêntica controvérsia, e que será abordada oportunamente.

[144] Reiteramos que o procedimento da repercussão geral será analisado, detidamente, em capítulo específico.

[145] Tal qual ocorre, ainda hoje, no sistema norte-americano quanto à apreciação das *petitions for certiorari*.

[146] CLT, art. 893, III.

legislação ordinária, trata-se, a exemplo dos recursos extraordinário e especial, de remédio de vocação estrita,[147] direcionado apenas à resolução de questões de direito.[148] Dirige-se ao Tribunal Superior do Trabalho, tendo o seu cabimento regrado pelo art. 896 da Consolidação das Leis Trabalhistas.[149]

Diante do acúmulo de processos submetidos ao TST, adotouse, por disposição da Medida Provisória nº 2.226, de 4 de setembro de 2001, mecanismo de controle do acesso, visando a restringir o cabimento do recurso de revista. A CLT passou a viger com o seguinte art. 896-A:

> O Tribunal Superior do Trabalho, no recurso de revista, examinará previamente se a causa oferece transcendência com relação aos reflexos gerais de natureza econômica, política, social ou jurídica.

Atribuiu-se ao TST, pelo mesmo diploma, competência para regulamentar, em seu regimento interno, o processamento da transcendência do recurso de revista, assegurando-se sua apreciação em sessão pública, com direito a sustentação oral e fundamentação da decisão.[150]

Os elementos subjacentes à adoção de mecanismos de controle ao acesso aos tribunais superiores, basicamente, revelam-se os mesmos: permitir o seu adequado funcionamento e o correto cumprimento de sua missão, obstaculizados pela crescente carga

---

[147] "O recurso de revista não vai fazer um reexame geral da decisão do Tribunal Regional do Trabalho. É um apelo eminentemente técnico e extraordinário [...]". (MARTINS, Sergio Pinto. *Direito processual do trabalho.* 25. ed. São Paulo: Atlas, 2006, p. 414).

[148] NASCIMENTO, Amauri Mascaro. *Curso de direito processual do trabalho.* 18. ed. rev. São Paulo: Saraiva, 1998, p. 489.

[149] "Art. 896 – Cabe Recurso de Revista para Turma do Tribunal Superior do Trabalho das decisões proferidas em grau de recurso ordinário, em dissídio individual, pelos Tribunais Regionais do Trabalho, quando: a) derem ao mesmo dispositivo de lei federal interpretação diversa da que lhe houver dado outro Tribunal Regional, no seu Pleno ou Turma, ou a Seção de Dissídios Individuais do Tribunal Superior do Trabalho, ou a Súmula de Jurisprudência Uniforme dessa Corte; b) derem ao mesmo dispositivo de lei estadual, Convenção Coletiva de Trabalho, Acordo Coletivo, sentença normativa ou regulamento empresarial de observância obrigatória em área territorial que exceda a jurisdição do Tribunal Regional prolator da decisão recorrida, interpretação divergente, na forma da alínea a; c) proferidas com violação literal de disposição de lei federal ou afronta direta e literal à Constituição Federal".

[150] MP nº 2.226/2001, art. 2º.

de trabalho.[151] No processo trabalhista, as razões não foram diferentes.[152]

O requisito da *transcendência* foi consagrado, assim, para determinar a apreciação – ou não – de determinadas matérias pelo TST, em sede de recurso de revista, de forma a tornar viável a sua função de intérprete máximo do ordenamento jurídico-trabalhista.[153] Estipulou-se uma forma de seleção prévia dos processos, baseada em sua *transcendência jurídica, política, social ou econômica.* Para Maria Cristina Mattioli,

> O que impende considerar, e isto é importante, é que os *valores* que serão analisados pelo Tribunal Superior do Trabalho são, também, sintomas da magnitude de sua função, que não é apenas revisional, mas também política. Isto significa dizer que, quando estiverem em jogo valores considerados vitais para a sociedade, não poderá deixar de ser apreciado o recurso de revista, apesar dos obstáculos colocados ao crescente acesso aos órgãos de cúpula do Poder Judiciário. Uma conclusão é inevitável: não há como permitir que o Tribunal examine uma norma legal, sem que faça substancial escolha entre valores concorrentes e, ainda, inevitavelmente, entre controvertidos conceitos políticos, sociais, morais e econômicos.[154]

---

[151] Luiz Guilherme Marinoni e Daniel Mitidiero, após referirem os sistemas de seleção de causas operados nos Estados Unidos, na Alemanha e na Argentina, afirmam: "Em todos esses casos a mesma razão encontra-se presente: velar pela unidade do Direito através do exame de casos significativos para a ótima realização dos fins do Estado Constitucional, sem sobrecarregar o Supremo Tribunal com o exame de casos sem relevância e transcendência, cujas soluções não importem, tudo somado, contribuição do Supremo Tribunal para compatibilização vertical das decisões e/ou desenvolvimento do Direito brasileiro". (MARINONI; MITIDIERO, 2007, p. 20).

[152] Veja-se o seguinte excerto da Exposição de Motivos da Medida Provisória nº. 2.226, de 4 de setembro de 2001: "Com a adoção do critério da transcendência das questões federais, poderão os tribunais superiores ter condições de apreciar com tranqüilidade, segurança, consciência e precisão as causas que lhes forem dirigidas, dedicando seu tempo àquelas que efetivamente terão repercussão tal na comunidade, que exigem detida análise de todos os aspectos que a envolvam, de modo a que a solução seja a que melhor atenda aos interesses da sociedade. [...]. Daí que apenas as questões que transcenderem o interesse das partes, para afetar o próprio interesse da sociedade organizada em Estado Federal, é que merecerão ser julgadas pelas Cortes Superiores. E caberá a essas Cortes, com seu poder discricionário, aquilatar se a questão concreta se revela transcendente. Do contrário, continuarão os tribunais superiores a funcionar como 3ª ou 4ª instância ordinária, julgando de forma sumária os processos que lhes chegam, em sistema que apresenta maior discricionariedade do que o que se adotaria explicitamente".

[153] MARTINS FILHO, Ives Gandra da Silva. Critério de transcendência no recurso de revista. Projeto de lei n. 3.267/00. *Revista LTr*, São Paulo, v. 65, p. 914, agosto 2001.

[154] MATTIOLI, Maria Cristina. Critério de transcendência no recurso de revista. Projeto de lei n. 3.267/00. *Revista LTr*, São Paulo, v. 65, p. 905-918, ago. 2001, p. 140.

Antes da alteração promovida na CLT pela citada Medida Provisória, tramitava, no Congresso Nacional, o Projeto de Lei nº 3.267/00 (hoje arquivado), que tinha por objetivo a adoção do critério da transcendência como condição de admissibilidade do recurso de revista. Ao contrário do que ocorreu com a alteração legislativa levada a efeito, que optou por fórmulas mais vagas, o referido projeto estabelecia, com menor grau de indeterminação, no que constituiriam a transcendência jurídica, a transcendência política, a transcendência social e a transcendência econômica. Veja-se:[155]

> Considera-se transcendência:
>
> I – jurídica, o desrespeito patente aos direitos humanos fundamentais ou aos interesses coletivos indisponíveis, com comprometimento da segurança e estabilidade das relações jurídicas;
>
> II – política, o desrespeito notório ao princípio federativo ou à harmonia dos Poderes constituídos;
>
> III – social, a existência de situação extraordinária de discriminação, de comprometimento do mercado de trabalho ou de perturbação notável à harmonia entre capital e trabalho;
>
> IV – econômica, a ressonância de vulto da causa em relação a entidade de direito público ou economia mista, ou a grave repercussão da questão na política econômica nacional, no segmento produtivo ou no desenvolvimento regular da atividade empresarial.[156]

Anote-se que a MP nº 2.226/01 teve sua constitucionalidade questionada na ADI nº 2527, ainda pendente de julgamento de mérito. Em sede liminar, manteve-se hígido o dispositivo que instituiu o requisito da transcendência, assim como aquele que conferiu competência ao TST para discipliná-lo.[157] No entanto, embora vigente,

[155] A proposta objetivava acrescentar o art. 896-A, na CLT. A "conceituação" de transcendência constaria de seu § 1º.

[156] Amador Paes de Almeida critica o art. 896-A, da CLT, com a redação que lhe foi dada pela MP nº 2.226/01, referindo-se ao "Subjetivismo intolerável que faz de cada relator um intérprete absolutista". Para o autor, "Ainda que se adote a conceituação de transcendência, contida no Projeto de Lei n. 3.267/2000, ainda assim o campo é vastíssimo para interpretações pessoais". (ALMEIDA, Amador Paes de. *CLT comentada.* São Paulo: Saraiva, 2003, p. 497).

[157] Assim foi noticiado no Boletim Informativo nº 476, do STF: "Por vislumbrar aparente ofensa às garantias da coisa julgada e da isonomia, o Tribunal, em votação majoritária, deferiu, em parte, medida liminar em ação direta ajuizada pelo Conselho Federal da Ordem dos Advogados do Brasil – OAB contra a Medida Provisória 2.226/2001— que, acrescendo o art. 896-A à Consolidação das Leis do Trabalho – CLT, introduz o requisito da transcendência no recurso de revista —, para suspender a eficácia do seu art. 3º, que inclui o § 2º ao art. 6º da Lei 9.469/97 ('o acordo ou a transação celebrada diretamente pela parte ou por intermédio de procurador para extinguir ou encerrar processo judicial, inclusive nos casos de extensão administrativa de

a transcendência não vem sendo aplicada, por ausência de regulamentação.[158]

pagamentos postulados em juízo, implicará sempre a responsabilidade de cada uma das partes pelo pagamento dos honorários de seus respectivos advogados, mesmo que tenham sido objeto de condenação transitada em julgado') — v. Informativos 282 e 288. Afastou-se, por outro lado, a plausibilidade jurídica da tese de inconstitucionalidade relativamente aos artigos 1° e 2° da norma impugnada ('Art. 1° A Consolidação das Leis do Trabalho, aprovada pelo Decreto-Lei n° 5.452, de 1° de maio de 1943, passa a vigorar acrescida do seguinte dispositivo: 'Art. 896-A. O Tribunal Superior do Trabalho, no recurso de revista, examinará previamente se a causa oferece transcendência com relação aos reflexos gerais de natureza econômica, política, social ou jurídica'. Art. 2° O Tribunal Superior do Trabalho regulamentará, em seu regimento interno, o processamento da transcendência do recurso de revista, assegurada a apreciação da transcendência em sessão pública, com direito a sustentação oral e fundamentação da decisão.'). Quanto à alegada ofensa à alínea b do inciso I do § 1° do art. 62 da CF, com a redação que lhe foi dada pela EC 32/2001, que vedou o trato de matéria processual por meio de medida provisória, afirmou-se que a norma atacada seria anterior a essa emenda. No que tange à citada afronta ao § 3° do art. 111 da CF, considerou-se o fato de que a competência do TST e o recurso de revista ou seu respectivo processamento não têm definição constitucional. Vencidos, parcialmente, os Ministros Nelson Jobim, que deferia a liminar quanto aos artigos 1° e 2°, Maurício Corrêa, que a deferia quanto aos artigos 1°, 2° e parte do 3°, e Marco Aurélio, que a concedia quanto aos artigos 1°, 2° e 3°. ADI 2527 MC/DF, rel. Min. Ellen Gracie, 16.8.2007. (ADI-2527)".

[158] Nesse sentido, Tribunal Superior do Trabalho. Terceira Turma. RR 1575/2006-030-12-00. Relator: Min. Carlos Alberto Reis de Paula. *DJ* 21 set. 2007.

3. Parâmetros

O art. 102, § 3º, da CF/88, foi introduzido, em nosso ordenamento constitucional, como norma de eficácia limitada.[159] Dependia da edição de lei ordinária para produzir os seus precípuos efeitos.[160]

Em função disso, no plano infraconstitucional, veio a lume a Lei nº 11.418/06, que, regulamentando a repercussão geral, alterou o Código de Processo Civil. Por força da Emenda Regimental nº 21, de 30 de abril de 2007, ademais, foi modificado o Regimento Interno do Supremo Tribunal Federal, adaptando-o ao mecanismo e à legislação regedora.[161]

É possível extrair, do arcabouço normativo que rege o instituto da repercussão geral, fatores subjetivos e fatores objetivos que norteiam a aferição do requisito. Vejamo-los.

[159] A norma contida no art. 102, § 3º, da CF/88, possuía eficácia limitada, assim entendida, consoante lição de José Afonso da Silva, aquela que não produz, "com a simples entrada em vigor, todos os seus efeitos essenciais, porque o legislador constituinte, por qualquer motivo, não estabeleceu, sobre a matéria, uma normatividade para isso bastante, deixando essa tarefa ao legislador ordinário ou a outro órgão do Estado". (SILVA, José Afonso da. *Aplicabilidade das normas constitucionais*. 4. ed. rev. e atual. São Paulo: Malheiros Editores, 2000, p. 82-83).

[160] "A lei de que trata a EC 45 é condição de possibilidade para a implementação do parágrafo sob comento". (STRECK, Lenio Luiz. A "repercussão geral das questões constitucionais" e a admissibilidade do recurso extraordinário: a preocupação do constituinte com as "causas irrelevantes". In: AGRA, Walber de Moura, coordenador. *Comentários à reforma do poder judiciário*. Rio de Janeiro: Forense, 2005, p. 134).

[161] Atendeu-se ao disposto no art. 3º da Lei nº 11.418/06, segundo o qual "Caberá ao Supremo Tribunal Federal, em seu Regimento Interno, estabelecer as normas necessárias à execução desta Lei."

3.1. Fatores subjetivos

Da análise do art. 102, § 3º, da CF/88, já era possível identificar os contornos que norteariam o legislador ordinário na definição da repercussão geral. Valendo-se do auxílio da experiência nacional colhida quando da vigência da argüição de relevância, assim como da configuração dada ao critério da transcendência trabalhista, entendia-se que o conceito de repercussão geral se vinculava à presença de reflexos com importância econômica, política, social ou jurídica, além do interesse dos litigantes.[162]

Seguindo essa linha, o art. 543-A, § 1º, do CPC, passou a prescrever que, "Para efeito da repercussão geral, será considerada a existência, ou não, de questões relevantes do ponto de vista econômico, político, social ou jurídico, que ultrapassem os interesses subjetivos da causa". Para que se ateste a repercussão geral, portanto, devem-se conjugar dois elementos: a relevância e a transcendência da questão constitucional discutida.[163] Correta, assim, a fórmula proposta por Luiz Guilherme Marinoni e Daniel Mitidiero: *repercussão geral = relevância + transcendência.*[164]

Longe de qualquer definição hermética, a legislação albergou critérios passíveis de preenchimento no caso concreto. Apenas diante de um juízo positivo quanto à presença desses valores, aliado à sua capacidade de se projetar além dos estritos limites do processo em que presente, será possível superar o requisito da repercussão geral.

---

[162] Para Luiz Manoel Gomes Júnior, "[...] haverá repercussão em determinada causa/questão quando os reflexos da decisão a ser prolatada não se limitarem apenas aos litigantes mas, também, a toda uma coletividade". (GOMES JÚNIOR, 2005, p. 100-101). Luiz Rodrigues Wambier, Teresa Arruda Alvim Wambier e José Miguel Garcia Medina referiam-se a uma relevância transcendente ao caso concreto, revestindo-se de interesse geral, institucional. Acreditavam que os critérios que poderiam identificar uma questão de repercussão geral seriam, por exemplo, os de ordem econômica, social, política ou jurídica, em sentido estrito. (WAMBIER; WAMBIER; MEDINA, 2005, p. 97-103).

[163] Nesse sentido, no âmbito do Supremo Tribunal Federal, manifestou-se o Ministro Carlos Britto: "Essa fórmula legislativa, que procurou conferir concretude à expressão 'repercussão geral', terminou por exigir, para a sua caracterização, a presença de relevância ou transcendência da questão". (Supremo Tribunal Federal. Tribunal Pleno. RE 567454 RG/BA. Relator: Min. Carlos Britto. *DJe*-055, divulg. 27 mar 2008, public. 28 mar 2008).

[164] MARINONI, Luiz Guilherme; MITIDIERO, Daniel. *Repercussão geral no recurso extraordinário.* São Paulo: Editora Revista dos Tribunais, 2007, p. 33.

Por certo, muitas vezes os valores se apresentarão entrelaçados. Em verdade, não é incorreto dizer que existe uma relevância jurídica *lato sensu*, da qual fazem parte a relevância econômica, a relevância social, a relevância política e a relevância jurídica *stricto sensu*. Aquilo que se apresenta relevante do ponto de vista econômico poderá também se enquadrar como relevante sob o ponto de vista jurídico ou social. Importa, no entanto, é que a questão constitucional se amolde a, no mínimo, um dos critérios. A cumulação – conquanto natural – não é exigência legal.[165]

Caberá ao STF positivar, *in concreto*, a repercussão geral. Embora não seja possível antecipar, com precisão, se determinadas questões atendem ao requisito, espaço há para especulações e prognósticos. Nessa senda, cabe perquirir o que haverá de ser enquadrado como questão relevante, considerando-se os parâmetros expostos no art. 543-A, § 1°, do CPC.

3.1.1. Indicadores positivos e negativos

A questão será relevante do ponto de vista econômico, *v.g.*, quando violar os princípios insculpidos no art. 170 da CF/88.[166] O mesmo ocorrerá quando a decisão possuir potencial de criar precedente que outorgue direito que poderá ser reivindicado por considerável número de pessoas,[167] hipótese bastante comum em questões tributárias, previdenciárias e relativas a pedidos de reajuste formulados por servidores públicos. Questões atinentes às finanças públicas também poderão ser relevantes sob a seara apontada.

[165] PORTO, Sérgio Gilberto; USTÁRROZ, Daniel. A repercussão geral das questões constitucionais no recurso extraordinário (inovações procedimentais da Lei 11.418 e na Emenda Regimental 21 do STF). In: ASSIS, Araken de. et al. (Coord.). *Direito civil e processo: estudos em homenagem ao Professor Arruda Alvim*. São Paulo: Revista dos Tribunais, 2008, p. 1493.

[166] "Art. 170. A ordem econômica, fundada na valorização do trabalho humano e na livre iniciativa, tem por fim assegurar a todos existência digna, conforme os ditames da justiça social, observados os seguintes princípios: I – soberania nacional; II – propriedade privada; III – função social da propriedade; IV – livre concorrência; V – defesa do consumidor; VI – defesa do meio ambiente, inclusive mediante tratamento diferenciado conforme o impacto ambiental dos produtos e serviços e de seus processos de elaboração e prestação; VII – redução das desigualdades regionais e sociais; VIII – busca do pleno emprego; IX – tratamento favorecido para as empresas de pequeno porte constituídas sob as leis brasileiras e que tenham sua sede e administração no País".

[167] GOMES JÚNIOR, 2005, p. 101.

Haverá relevância política, dentre outras hipóteses, quando presente discussão envolvendo a forma federativa de Estado, a repartição de competências, a organização do Estado, os direitos políticos e os partidos políticos. A adequação constitucional de políticas públicas, igualmente, poderá se enquadrar no conceito.[168]

A relevância social estará presente quando a discussão envolver direitos coletivos, difusos ou individuais homogêneos. A garantia do pluralismo, com a proteção das minorias, é passível de enquadramento no ponto. Há que se considerar, igualmente, a relevância intrínseca da questão perante a sociedade como um todo.[169] Os direitos garantidos no art. 6º da CF/88[170] são, também, indicativos de relevância social, assim como outros direitos sociais previstos ou disciplinados fora desse catálogo, tais como saúde, previdência e educação.[171]

O espectro mais vasto relaciona-se à relevância jurídica em sentido estrito. Será juridicamente relevante a questão, por exemplo, que carecer de uma explicação,[172] sendo importante a definição, pelo STF, a fim de acoimar dúvidas e evitar indesejada insegurança jurídica.[173]

Outrossim, quando tribunais de segunda instância, apreciando matéria constitucional, manifestarem-se de modo distinto, haverá relevância jurídica. Conforme já decidiu o STF, "A manutenção de

---

[168] Sem prejuízo, evidentemente, que também sejam relevantes sob o ponto de vista social, econômico ou jurídico, como todos os demais exemplos.

[169] Há um vasto espectro de questões passíveis de serem enquadradas como relevantes sob o ponto de vista social. Seguem algumas hipóteses: avanços e limites da ciência (células-tronco e transgênicos, por exemplo); direitos dos indígenas e dos quilombolas; sistema de cotas para o acesso às universidades públicas; conflitos de terra e propriedade.

[170] "Art. 6º. São direitos sociais a educação, a saúde, o trabalho, a moradia, o lazer, a segurança, a previdência social, a proteção à maternidade e à infância, a assistência aos desamparados, na forma desta Constituição".

[171] Inclusive por sua fundamentalidade, como se verá logo adiante.

[172] PRÜTTING, Hans. A admissibilidade do recurso aos tribunais alemães superiores. *Revista de Processo,* São Paulo, v. 9, p. 153-160, jan./mar. 1978, p. 156.

[173] Para Luiz Rodrigues Wambier, Teresa Arruda Alvim Wambier e José Miguel Garcia de Medina, "Relevância jurídica existiria, por exemplo, quando estivesse em jogo o conceito ou a noção de um instituto básico do nosso direito, de molde a que aquela decisão, se subsistisse, pudesse significar perigoso e relevante precedente, como, por exemplo, a de *direito adquirido*". (WAMBIER, Luiz Rodrigues; WAMBIER, Teresa Arruda Alvim; MEDINA, José Miguel Garcia. *Breves comentários à nova sistemática processual civil, 3:* Leis 11.382/2006, 11.417/2006, 11.418/2006, 11.341/2006, 11.419/2006, 11.441/2007 e 11.448/2007. São Paulo: Revista dos Tribunais, 2007, p. 246).

decisões divergentes da interpretação constitucional revela-se afrontosa à força normativa da Constituição e ao princípio da máxima efetividade da norma constitucional".[174] Assim, ainda que não seja previsto o cabimento do recurso extraordinário pela divergência, assentar-se-á o remédio na alínea *a* do art. 102, III, da CF/88, servindo a demonstração de entendimentos distintos, tão-somente, para caracterizar a presença da repercussão geral. Isso se afigura mais relevante quando se sabe que o STJ não analisa o recurso especial, por dissídio jurisprudencial (CF/88, art. 105, III, *c*), quando a divergência se dá quanto a matéria constitucional.[175] Pronunciando-se em casos tais, o STF cumpre o seu papel de guardião da Constituição, impedindo que decisões conflitantes sobre o mesmo tema constitucional fiquem imunes ao seu controle.[176] Zela, assim, pela unidade do direito constitucional, atento à tarefa de derradeiro intérprete da Carta Política.

Para Luiz Manoel Gomes Júnior, quando a interpretação adotada pela decisão recorrida for aberrante ou absurda (evidentemente contrária ao texto constitucional, por exemplo), deve ser considerada juridicamente relevante.[177] Vislumbra-se, na proposta, alguma semelhança com a *arbitrariedad*, doutrina adotada no direito argentino.

De outra sorte, no que toca à exigência de que a questão ultrapasse os interesses subjetivos das partes (transcendência), adotou o legislador a fórmula preconizada por Victor Nunes Leal para a verificação da presença de questão federal relevante: o interesse público

---

[174] Supremo Tribunal Federal. Segunda Turma. RE-ED 227001. Relator: Min. Gilmar Mendes. *DJ* 05 out. 2007.

[175] "A divergência jurisprudencial em torno de legislação local ou de dispositivo constitucional não se enquadra na regra insculpida no art. 105, inciso III, letra "c", da Constituição Federal, que prevê o cabimento do recurso especial, por dissídio pretoriano, quando a decisão recorrida 'der a lei federal interpretação divergente da que lhe haja atribuído outro tribunal'. Recurso não-conhecido." (Superior Tribunal de Justiça. Quinta Turma. REsp 444119/TO. Relator para Acórdão: Min. Felix Fischer. *DJ* 29 mar. 2004, p. 264).

[176] Consoante lecionam Sérgio Gilberto Porto e Daniel Ustárroz, "[...] repugna ao ideal federativo que cada Estado, aplicando normas dirigidas a todos os brasileiros – provenientes da Constituição e de leis elaboradas pela União – ofereça a casos semelhantes soluções discrepantes, o que desacredita a administração da justiça à luz das expectativas sociais. [...]. Soa, no mínimo, estranho que determinado Estado da Federação, p. ex., considere inconstitucional determinada norma enquanto outro, debruçado sobre idêntica questão, alcance resultado distinto". (PORTO; USTÁRROZ, 2008, p. 200).

[177] GOMES JÚNIOR, 2005, p. 103.

da decisão a ser tomada, ou melhor, o seu reflexo além do exclusivo interesse das partes.[178]

Para que haja pronunciamento da Corte Suprema, fundamental que a questão constitucional a ser dirimida tenha, essencialmente, projeção *extra autos*, ou seja, o interesse na sua resolução deve ser maior fora da causa do que dentro dela.[179] O enfrentamento deve relacionar-se a um grande espectro de indivíduos ou a um largo segmento social.[180] Enquadra-se nesse contexto a preservação da unidade do direito constitucional, que, por sua fundamental significação para a unidade do direito como um todo,[181] atrai o interesse de toda a coletividade.

Com razão, não obstante, salienta Eduardo Talamini que não apenas o aspecto quantitativo (o alcance numérico) deve ser considerado. Também há que se levar em conta a profundidade da questão (repercussão qualitativa). Temas fundamentais para a ordem jurídico-constitucional, ainda que não tenham a possibilidade de se reproduzir em significativa quantidade de litígios, merecem ultrapassar o mecanismo de restrição adotado.[182]

É possível cogitar, em linha oposta, sobre alguns *indicadores negativos* da repercussão geral. Em princípio, o interesse puramente privado não se enquadra no requisito.[183] É possível arrolar, também: questão isolada, que não encontra paralelo e não transcende ao caso concretamente decidido; questão que não comporta maior discussão; lapso de tempo de duração da lei objeto da decisão recorrida é bastante pequeno; lei que se refere a um caso concreto.[184] A contrariedade a precedente já superado ou a decisão isolada tomada no âmbito do STF[185] igualmente indicam a ausência de repercussão geral.

---

[178] LEAL, 1965, p. 12.

[179] BAPTISTA, 1976, p. 34.

[180] ARRUDA ALVIM, 2005, p. 63.

[181] Vez que a Constituição é a Lei Fundamental de uma nação, dela extraindo validade as demais normas, quando compatíveis.

[182] TALAMINI, 2007, p. 58.

[183] LINS E SILVA, 1976, p. 14.

[184] ARRUDA ALVIM, 1988, p. 97.

[185] *V.g.*, decisão monocrática reformada pelo colegiado.

Poder-se-ia, finalmente, afirmar que a conformidade da decisão impugnada com a súmula ou com a jurisprudência dominante do STF apontaria para um juízo negativo acerca da repercussão geral da questão constitucional. Arruda Alvim, à época da argüição de relevância, assim pontuou:

> [...] há que se considerar que poderá uma questão ou causa, ser relevante em conformidade com o resultado decorrente da decisão, o que equivale a dizer que se pode pensar em uma relevância secundum eventum litis. Se, numa questão ou causa em si mesma de grande repercussão social, o S.T.F. decidiu da forma "X", e, vários Tribunais passam a seguir esta "diretiva", não se poderá mais dizer que, estas decisões, agora conformes às do S.T.F., ensejem caracterização de relevância. Já ao contrário, se a diretiva "X" não for a seguida, aí sim, ter-se-á, em princípio, uma questão ou causa relevante.[186]

O Supremo Tribunal Federal, contudo, já se manifestou no sentido de que não se presume a ausência de repercussão geral quando o recurso extraordinário impugnar decisão que esteja de acordo com a sua jurisprudência. Restou vencida a Ministra Cármen Lúcia, para quem seria possível extrair, do art. 543-A, § 3º, do CPC, uma segunda norma, ainda que inexpressa, no sentido da não configuração da repercussão geral em tais hipóteses.[187]

3.1.2. Fatores subjetivos e conceitos jurídicos indeterminados: inexistência de discricionariedade judicial

Ao legislador, nem sempre é possível, ou mesmo desejável, delimitar, com total nitidez, o campo de incidência de uma regra jurídica. Em tais casos, é comum recorrer ao expediente de fornecer indicações de ordem genérica, deixando ao aplicador da norma o preenchimento do "espaço em branco". Tem-se, nessas hipóteses, aquilo que a doutrina denomina *conceitos juridicamente indeterminados*.[188]

Seguindo essa orientação, o art. 543-A, § 1º, do CPC, não definiu, com objetividade e suficiência, quando ocorrerá a repercussão geral da questão constitucional. Valeu-se de fórmula elástica, aberta,

---

[186] ARRUDA ALVIM, 1988, p. 45.

[187] Supremo Tribunal Federal. Tribunal Pleno. RE 565202 RG/RN. Relatora: Min. Cármen Lúcia. *DJe*-102, divulg. 05 jun. 2008.

[188] BARBOSA MOREIRA, José Carlos. Regras de experiência e conceitos juridicamente indeterminados. In: TEMAS de direito processual: segunda série. São Paulo: Saraiva, 1980, p. 64.

relegando à aplicação concreta a verificação de ocorrência dos vetores indicados em abstrato.

Poder-se-ia argumentar, em assim sendo, que a decisão do STF se constituiria em verdadeiro *juízo discricionário*.[189] Fundamental, diante disso, investigar o verdadeiro sentido da expressão, para que se possa verificar a sua eventual incidência no âmbito jurisdicional.[190]

Discricionariedade é expressão muito utilizada, entre nós, no âmbito do direito administrativo. Indica a faculdade de o administrador, valendo-se de critérios de conveniência e oportunidade, optar por uma dentre as possíveis soluções para o caso concreto.[191]

Ainda que se reconheça não haver, no processo de aplicação das normas, uma única resposta jurídica correta[192] – o que se afirma sem prejuízo de reconhecer a irrenunciável necessidade de se buscar a melhor interpretação –,[193] não é possível afirmar que o mesmo po-

---

[189] Veja-se, *v.g.*, a crítica de Leonardo Greco: "Por maior rigor que venha a cercar a elaboração da lei preconizada, certamente será impossível evitar o arbítrio, o que resultará em tornar facultativa ou discricionária a jurisdição constitucional do STF". (GRECO, Leonardo. A reforma do Poder Judiciário e o acesso à justiça. *Revista Dialética de Direito Processual,* São Paulo, v. 27, p. 67-87, jun. 2005, p. 82).

[190] Incensurável a observação de Teresa Celina de Arruda Alvim Pinto: "É comum os autores brasileiros fazerem referência a que o Magistrado, ao praticar certo tipo de ato como, v.g., conceder uma medida liminar no bojo de um procedimento de índole cautelar ou ao verificar a ocorrência, ou a inocorrência, de interesse público em determinado processo, que enseje a necessidade de intervenção do Ministério Público como fiscal da lei, estaria exercendo poder discricionário. Quando se faz essa afirmação, o que quer significar é que o Juiz teria, em determinadas hipóteses, certa margem de liberdade ao decidir, circunstância que seria suficiente para que se assimile esta situação à discricionariedade, fenômeno jurídico a que, de regra, dedicam atenção especial os administrativistas". (PINTO, Teresa Celina de Arruda Alvim. Limites à chamada "discricionariedade judicial". *Revista de Direito Público,* São Paulo, v. 96, p. 157-166, out./dez. 1990, p. 157).

[191] Para Celso Antônio Bandeira de Mello, atos discricionários "seriam os que a Administração pratica com certa margem de liberdade de *avaliação* ou *decisão* segundo critérios de conveniência e oportunidade formulados por ela mesma, *ainda que adstrita à lei reguladora da expedição deles*". (MELLO, Celso Antônio Bandeira de. *Curso de direito administrativo.* 17. ed. rev. e atual. São Paulo: Malheiros, 2004, p. 394).

[192] "A interpretação jurídico-científica tem de evitar, com o máximo cuidado, a ficção de que uma norma jurídica apenas permite, sempre e em todos os casos, uma só interpretação: a interpretação 'correta'. Isto é uma ficção de que se serve a jurisprudência tradicional para consolidar o ideal de segurança jurídica. Em vista da plurissignificação da maioria das normas jurídicas, este ideal somente é realizável aproximativamente". (KELSEN, Hans. *Teoria pura do direito.* Traduzido por João Baptista Machado. São Paulo: Martins Fontes, 2000, p. 396).

[193] Para Juarez Freitas, "[...] a melhor interpretação é possível, desde que não aspire ao timbre inflexível da única resposta correta". (FREITAS, Juarez. A melhor interpretação constitucional "versus" a única resposta correta. In: SILVA, Virgílio Afonso da (Org.). *Interpretação constitucional.* São Paulo: Malheiros, 2005, p. 321).

der conferido ao administrador assista ao julgador. Quando a lei se vale de um conceito jurídico indeterminado, apenas delega ao autor do ato previsto a constatação da realidade e da suficiência de um certo pressuposto de sua prática.[194]

A consagração de conceitos indeterminados decorre de opção do legislador. Evidentemente, não confere ao juiz liberdade absoluta para decidir sem qualquer fundamento, calcado apenas na sua vontade pessoal. Apenas se lhe outorga uma *margem de livre apreciação*.[195] A partir dos critérios fixados pelo conceito indeterminado, empreende o julgador a atividade de valoração e de concretização, voltando-se aos dados extraídos da realidade. Incumbe ao juiz captar e traduzir, na prática, os valores tutelados, em abstrato, pelo legislador. É no preenchimento do conceito indeterminado, diante do caso concreto, que se revela a atividade jurisdicional. Confere-se ao magistrado um campo mais vasto de apreensão da realidade, o que reflete, com maior intensidade, algo ínsito a toda decisão judicial: o subjetivismo. A ponderação é elemento inerente à função de julgar, que consiste em pesar as razões de um e de outro lado.[196]

A adoção de conceitos jurídicos indeterminados contribui para a abertura do sistema,[197] tornando-o maleável à complexidade das relações sociais, cada vez mais sujeitas a mutações. Assim afirma Nelson Rodrigues Netto:

> Em situações em que a subsunção ou o encaixe do fato à norma não deve ser realizado de maneira automática, exatamente por causa da complexidade e riqueza dos fatos que se pretende regular, o legislador emprega conceitos vagos ou indeterminados, onde sua compreensão é menos nítida e, por conseqüência, tanto mais ampla sua extensão. O legislador transfere ao aplicador a atividade de preenchimento do valor que está à base da norma e que deve ser disciplinar as condutas. É em cada caso concreto que a compreensão do conceito deve ser explicitada para conformar o fato.[198]

---

[194] MOREIRA NETO, Diogo de Figueiredo. *Curso de direito administrativo*. Rio de Janeiro: Forense, 2005, p. 99.

[195] LARENZ, Karl. *Metodologia da ciência do direito*. Tradução José Lamego. 2.ed. Lisboa: Calouste Gulbenkian, 1989, p. 355.

[196] LEAL, 1965, p. 13.

[197] Aqui tomada na sua acepção referente à modificabilidade dos valores fundamentais da ordem jurídica. V., a respeito, CANARIS, Claus-Wilhelm. *Pensamento sistemático e conceito de sistema na ciência do direito*. Traduzido por A. Menezes Cordeiro. 3. ed. Lisboa: Calouste Gulbenkian, 2002, p. 103-109.

[198] NETTO, 2007b, p. 114.

Acentua Araken de Assis que "os conceitos jurídicos indeterminados não facultam ao órgão judiciário atividade discricionária, ou política, e a expedição de provimento de qualquer teor".[199] Na mesma linha, Teori Albino Zavascki afirma inexistir decisão judicial que possa ser tida por discricionária, no sentido de que esteja vinculada apenas à vontade pessoal do juiz, ou a razões de mera conveniência ou oportunidade. Para o citado autor, os conceitos vagos lançados pelo legislador possuem conteúdo jurídico, razão pela qual devem ser preenchidos com valores buscados na própria ordem jurídica. Assim sendo, "ao aplicar conceitos de conteúdo indeterminado a casos concretos, ou seja, ao fazer cessar a indeterminação, deve o juiz produzir um resultado compatível com os bens e valores jurídicos insertos naqueles conceitos".[200]

José Miguel Garcia Medina, Luiz Rodrigues Wambier e Teresa Arruda Alvim ponderam de forma interessante:

> Interpretar um conceito vago é pressuposto lógico da aplicação de uma norma posta, ou de um princípio jurídico, que contenha um conceito dessa natureza em sua formulação. É pressuposto lógico da efetiva aplicação, mas na verdade integra o processo interpretativo, visto como um todo.
>
> [...].
>
> É relevante que aqui se sublinhe que a interpretação dos conceitos vagos vem adquirindo cada vez mais importância no mundo contemporâneo, porque o uso destes conceitos consiste numa técnica legislativa marcadamente afeiçoada à realidade em que hoje vivemos, que se caracteriza justamente pela sua instabilidade, pela imensa velocidade com que acontecem os fatos, com que se transmitem as informações, se alteram as "verdades" sociais.[201]

De todo necessária, em verdade, uma elasticidade no conceito definidor da *repercussão geral*, não somente pelas naturais e cada vez mais constantes mutações sociais, mas, também, para que casos extremamente relevantes, que em princípio não se enquadrariam em normas fechadas ou em hipóteses previamente descritas, possam ser julgados pelo STF. Vale citar a reflexão de Arruda Alvim:

> Há "idéias" que, em si mesmas, dificilmente, comportam uma definição. Mais ainda, se definidas forem, seguramente – agora no campo da operatividade do Direito – passam

[199] ASSIS, Araken de. Introdução aos sucedâneos recursais. In: NERY JUNIOR, Nelson; WAMBIER, Teresa Arruda Alvim (Coord.). *Aspectos polêmicos dos recursos e de outros meios de impugnação às decisões judiciais.* São Paulo: Revista dos Tribunais, 2002, v. 6, p. 13.

[200] ZAVASCKI, Teori Albino. *Antecipação da tutela.* São Paulo: Saraiva, 1999, p. 175-176.

[201] MEDINA; WAMBIER; WAMBIER, 2005, p. 375.

a deixar de ensejar, só por isso, o rendimento esperado de um determinado instituto jurídico. Com os valores, que são idéias indefiníveis (aporias, e, portanto, inverbalizáveis), o que ocorre é que devem ser indicados por conceitos vagos; não são, nem devem ser propriamente conceituados, mas devem ser apenas *referidos*, pois é intensa a interação entre eles e a realidade paralela, a que se reportam. Não há como fazer que fiquem adequadamente cristalizados num texto de lei, ou que sejam verbalizados de forma plena na lei posta.

É o que se passa com a "definição" do que seja *juridicamente relevante,* realidade esta que, *aprioristicamente* se tem por indefinível (ou, ao menos, utilmente definível), de uma só vez, em termos propriamente completos, o que equivaleria a uma série infindável de incisos, exageradamente casuísticos e minuciosos, e, por fim, o que é mais grave, inevitavelmente incompletos, *e, portanto, indesejavelmente limitadores do próprio objeto definido.*[202]

Dessa forma, a verificação da presença da repercussão geral não guarda relação com o conceito administrativo de discricionariedade. A *margem de livre apreciação* que resta àquele que aplica o direito não corresponde à *margem de decisão livre* do agente da Administração.[203] A decisão é assumida mediante a formulação de um *juízo de legalidade* e não de um *juízo de oportunidade.*[204] Deve o julgador externar o seu processo de construção da realidade na concreção da norma vaga, explicitando a respectiva *ratio decidendi.*[205] O preenchimento do "espaço em branco" da norma há de ser, sempre, objetivamente justificado.[206]

Outrossim, no processo de concretização de pautas que carecem de preenchimento, a decisão singular atua como exemplo, estreitando a margem de livre apreciação residual. No domínio do poder discricionário de atuação, tais efeitos não se dão na mesma medida.[207]

Enquanto os conceitos indeterminados integram a descrição do fato, a discricionariedade se situa no campo dos efeitos.[208] Não have-

---

[202] ARRUDA ALVIM, 1988, p. 75-76.

[203] LARENZ, 1989, p. 355.

[204] GRAU, Eros Roberto. *Ensaio e discurso sobre a interpretação/aplicação do direito.* 3. ed. São Paulo: Malheiros, 2005, p. 209.

[205] CRUZ E TUCCI, José Rogério. Anotações sobre a repercussão geral como pressuposto de admissibilidade do recurso extraordinário (Lei 11.418/2006). *Revista de Processo,* São Paulo, v. 145, p. 151-162, mar. 2007a, p. 153.

[206] PINTO, 1990, p. 159.

[207] LARENZ, op. cit., p. 356.

[208] BARBOSA MOREIRA, 1980, p. 66.

rá, então, discricionariedade na verificação da presença de questões relevantes do ponto de vista econômico, político, social ou jurídico, que ultrapassem os interesses subjetivos da causa. Uma vez configurados os elementos constantes do modelo normativo, impõe-se juízo positivo acerca da repercussão geral.[209]

3.1.3. Repercussão geral e direitos fundamentais

As alegações de violação a direitos e garantias fundamentais devem receber um tratamento cuidadoso do Pretório Excelso na verificação da repercussão geral. Ao lado de preservar a essência e a força normativa da Constituição,[210] deve-se evitar a aplicação do instituto como verdadeiro instrumento de um indesejado "utilitarismo processual". Como salienta John Rawls,

> Cada pessoa possui uma inviolabilidade fundada na justiça que nem mesmo o bem-estar da sociedade como um tudo pode ignorar. Por essa razão, a justiça nega que a perda da liberdade de alguns se justifique por um bem maior partilhado por outros. Não permite que os sacrifícios impostos a uns poucos tenham menos valor que o total maior das vantagens desfrutadas por muitos. Portanto numa sociedade justa as liberdades da cidadania igual são consideradas invioláveis; os direitos assegurados pela justiça não estão sujeitos à negociação política ou ao cálculo de interesses sociais.[211]

Jamais pode ser tolerado que, em nome do bom andamento da máquina processual, sejam desconsideradas sérias violações diretas a direitos e garantias fundamentais, impedindo-se o acesso ao STF. A máxima segundo a qual "Há de conviver com a admissão de certa margem de erro em prol de viabilizar melhor funcionamento do

[209] MARINONI; MITIDIERO, 2007, p. 34.

[210] Para Konrad Hesse, "A Constituição jurídica logra converter-se, ela mesma, em força ativa, que se assenta na natureza singular do presente (*individuelle Beschaffenheit der Gegenwart*). Embora a Constituição não possa, por si só, realizar nada, ela pode impor tarefas. A Constituição transforma-se em força ativa se essas tarefas forem efetivamente realizadas, se existir a disposição de orientar a própria conduta segundo a ordem nela estabelecida, se, a despeito de todos os questionamentos e reservas provenientes dos juízos de conveniência, se puder identificar a vontade de concretizar essa ordem. Concluindo, pode-se afirmar que a Constituição converter-se-á em força ativa se fizerem-se presentes, na consciência geral – particularmente, na consciência dos principais responsáveis pela ordem constitucional –, não só a *vontade de poder (Wille zur Macht)*, mas também a *vontade de Constituição (Wille zur Verfassung)*". (HESSE, Konrad. *A força normativa da Constituição*. Traduzido por Gilmar Ferreira Mendes. Porto Alegre: Fabris, 1991, p. 19).

[211] RAWLS, John. *Uma teoria da justiça*. Traduzido por Almiro Pisetta e Lenita Maria Rímoli Esteves. 2. ed. São Paulo: Martins Fontes, 2002, p. 04.

STF",[212] embora defensável em sua essência, dada a plêiade de assuntos tratados pela CF/88, não se projeta aos direitos e garantias fundamentais, base nuclear do sistema.[213]

Além de atuarem como instrumentos de proteção das liberdades individuais, os direitos fundamentais são elementos da ordem jurídica objetiva, integrando um sistema axiológico que atua como fundamento material do todo o ordenamento jurídico.[214] Frustrar a proteção de um significa, em última análise, enfraquecer a proteção conferida a todos. Os direitos e as garantais fundamentais possuem, portanto, relevância e transcendência imanentes, dada a sua dimensão objetiva.[215] A contrariedade ou negativa de vigência a direitos consagrados como cláusulas pétreas reveste-se de especial significação para a unidade do direito constitucional. Assim sustenta Lenio Luiz Streck:

> [...] deverão estar garantidos os juízos de admissibilidade para os casos que digam respeito à violação de direitos humanos, descumprimento de direitos fundamentais e das temáticas relativas às cláusulas pétreas. Haverá repercussão maior de questão constitucional na hipótese de se estar em face de discussão de direitos protegidos por cláusulas pétreas?[216]

Ao contrário do que ocorre, *v.g.*, na Alemanha, nosso ordenamento não consagra instrumento semelhante ao recurso de amparo, que visa, exatamente, à proteção de direitos fundamentais, após esgotados os recursos ordinários.[217] Some-se a isso a já referida impossi-

---

[212] ARRUDA ALVIM, 2005, p. 96.

[213] Ainda no regime antigo, Evandro Lins e Silva já apontava a discussão sobre uma garantia fundamental do cidadão como indicadora da relevância da causa. (LINS E SILVA, 1976, p. 14).

[214] SARLET, Ingo Wolfgang. *A eficácia dos direitos fundamentais*. 5. ed. rev. atual. e ampl. Porto Alegre: Livraria do Advogado, 2005, p. 70.

[215] MARINONI; MITIDIERO, 2007, p. 37-38.

[216] STRECK, 2005, p. 140.

[217] O recurso de amparo (*Verfassugbeschwerde*) dirige-se ao Tribunal Constitucional Federal Alemão (TCFA) e está previsto no art. 93. 1.4.*a* da Constituição. Como explica Peter Häberle, "converte o TCFA num 'tribunal do cidadão'. O acesso ao TCFA, permitido 'gratuitamente e sem intervenção obrigatória de advogado' a *todos* (RUPP-V. BRÜNNECK), reforçou profundamente o Tribunal na consciência cívica face ao poder público. Tão pequena é a percentagem de êxito vista numa perspectiva puramente numérica (exemplo: de 36.000 pedidos triunfaram 400, ou seja, 1,11%), como é grande o efeito didáctico, em termos do Estado, e democrático, em termos do cidadão, do recurso de amparo. Qualquer pessoa pode interpor recurso após estarem esgotados os recursos ordinários, desde que tenha sido afectada pelo poder público num dos seus direitos fundamentais ou equiparados". (HÄBERLE, Peter. O recurso de amparo no sistema germânico de justiça constitucional. *Direito Público*, Porto Alegre, n. 2, p. 83-137, out./dez. 2003, p. 88.

bilidade de qualquer cidadão ajuizar a argüição de descumprimento de preceito fundamental, regida pela Lei nº 9.882/99. Torna-se o recurso extraordinário, nesse contexto, remédio imprescindível para a veiculação de alegações de violação a direitos e garantias fundamentais. Dele prescindir, em verdade, expõe a um desnecessário risco os valores mais caros consagrados pelo nosso ordenamento, alçados, repita-se, à condição de cláusulas pétreas.

Não se propõe, aqui, a abertura indiscriminada da via extraordinária. Como de resto ocorre para que seja conhecido o recurso extraordinário, a violação a direitos e garantias fundamentais deve ser direta e frontal, sem a necessidade de exame prévio da legislação infraconstitucional.[218]

Não se diga que, ao estender a exigência da demonstração da repercussão geral ao recurso extraordinário em matéria criminal, normalmente permeado pelo valor liberdade, o STF sinalizou em direção oposta.[219] Ao contrário do que ocorre no âmbito do processo penal, em que cabível o *habeas corpus*,[220] o processo civil não possui outro instrumento idôneo para levar a alegação ao STF. O recurso extraordinário, assim, é o *único remédio* que oferece a solução adequada.

[218] Nesse sentido, *v.g.*, ressalte-se o entendimento do STF no sentido de que, "em regra, as alegações de desrespeito aos postulados da legalidade, do devido processo legal, da motivação dos atos decisórios, do contraditório, dos limites da coisa julgada e da prestação jurisdicional podem configurar, quando muito, situações de ofensa meramente reflexa ao texto da Constituição, circunstância essa que impede a utilização do recurso extraordinário" (Supremo Tribunal Federal. AI 372358-AgR. Relator: Min. Celso de Mello. *DJ* 11 jun. 2002. Cf., ainda, Supremo Tribunal Federal. AI 360.265-AgR. Relator: Min. Celso de Mello. *DJ* 20 set. 2002).

[219] Supremo Tribunal Federal. Tribunal Pleno. QOAI 664567/RS. Relator: Min. Sepúlveda Pertence. *DJ* 06 set. 2007.

[220] Como reconhecido na referida decisão do STF, em que o relator assim salientou: "Em tese, não há uma questão sequer passível de discussão no recurso extraordinário da defesa que não possa ser discutida, com muito mais vantagens, em *habeas corpus*: dá-se, com efeito, que o *habeas corpus* não está sujeito a prazo; nele, pouco importa se a ofensa à Constituição se dá de modo indireto ou reflexo; não se exige prequestionamento e, enquanto no recurso extraordinário devem ser considerados os fatos da causa 'na versão do acórdão recorrido' (*v.g.*, Supremo Tribunal Federal. AI 130.893–AgR. Velloso, RTJ 146/291; RE 140.265, Marco Aurélio, RTJ 148/550), o *habeas corpus* também permite a análise de prova documental inequívoca; não é raro, de outro lado, que a instrução do *habeas corpus* seja complementada por diligências determinadas pelo relator; e, dentre outros benefícios, a prioridade de julgamento tem feito, quase sempre, com que as questões suscitadas cheguem ao Supremo Tribunal Federal antes mesmo do julgamento definitivo do processo principal".

3.2. Fatores objetivos

Nem todos os critérios para verificar a presença da repercussão geral da questão constitucional situam-se no campo do subjetivismo. Há, no CPC, dois indicadores positivos, que carregam consigo maior grau de objetividade: a) o provimento recorrido contraria súmula ou jurisprudência dominante do STF (art. 543-A, § 3º); e b) o provimento julga questão constitucional objeto de multiplicidade de recursos com idêntica controvérsia (art. 543-B, *caput*).[221]

Na primeira hipótese referida, a repercussão geral consiste na própria violação ao entendimento consolidado no STF. Trata-se de hipótese qualificada, em que há presunção absoluta da existência do requisito.

Por jurisprudência dominante, há que se entender aquela oriunda do Plenário ou das duas Turmas.[222] Reiteradas decisões monocráticas também são suficientes para assim caracterizá-la. É necessário que o entendimento revista-se de atualidade, não servindo, para os fins previstos no dispositivo em comento, a jurisprudência já superada. De outra sorte, a súmula a que alude o dispositivo não é, necessariamente, aquela adjetivada de vinculante, sendo suficientes, para caracterizar a repercussão geral, os enunciados despidos da característica de vinculação vertical.[223]

Preserva o legislador a unidade do ordenamento constitucional, desestimulando a inobservância dos precedentes do Supremo Tribunal Federal. A repercussão reside, justamente, nos imperativos de certeza e de segurança jurídicas, aos quais interessa a uniformi-

---

[221] ASSIS, A., 2007c, p. 700.

[222] Para Humberto Theodoro Júnior, "Por jurisprudência dominante deve-se ter a que resulta de posição pacífica, seja porque não há acórdãos divergentes, seja porque as eventuais divergências já tenham se pacificado no seio do STF". (THEODORO JÚNIOR, 2007, p. 10).

[223] Vale lembrar que, de acordo com o art. 8º da EC 45/04, "As atuais súmulas do Supremo Tribunal Federal somente produzirão efeito vinculante após sua confirmação por dois terços de seus integrantes e publicação na imprensa oficial". O instituto da súmula vinculante foi regulamentado, no plano infraconstitucional, pela Lei nº 11.417/06.

dade dos pronunciamentos judiciais,[224] que sobrepujam, inclusive, o binômio relevância/transcendência consagrado no § 1º do mesmo dispositivo.[225]

Não houvesse tal previsão específica, e ainda que a contrariedade à jurisprudência dominante ou sumulada pudesse caracterizar relevância jurídica em sentido estrito, haveria a parte de demonstrar, também, a transcendência da questão, por força da regra geral.[226] Da forma posta, basta ao recorrente demonstrar a contrariedade para que seja superado o requisito. Extrai-se, a partir disso, uma peculiar característica do sistema: uma questão constitucional que, sob o regramento atual, talvez não ultrapassasse a exigência da repercussão geral, poderá ensejar a admissibilidade do recurso extraordinário, desde que, evidentemente, configure jurisprudência dominante ou seja objeto de súmula pelo STF.

Por outro lado, a hipótese prevista no art. 543-B, *caput*, do CPC, traduz medida legislativa igualmente voltada à estabilidade do direito e à preservação da uniformidade dos pronunciamentos judiciais.[227] Busca evitar que o Supremo, em prejuízo do exame de outros processos, tenha o tempo tomado com matérias repetidas[228] e fortalece sua feição de órgão responsável pela proteção do ordenamento jurídico mediante a formulação de uma jurisprudência uniforme. Assim, em princípio, a suscetibilidade de a questão se reproduzir

---

224 ABBUD, André de A. Cavalcanti. O anteprojeto de lei sobre a repercussão geral dos recursos extraordinários. *Revista de Processo*, São Paulo, v. 129, p. 108-131, nov. 2005a, p. 117.

225 "Em última análise, o legislador reforçou, de modo apriorístico, a *segurança jurídica*, a *igualdade perante a lei* e a *legalidade*, como valores fundamentais e estruturantes do nosso Estado Democrático de Direito, e, portanto, dignos de tutela pela mais elevada Corte de Justiça do País, independentemente de qualquer outra espécie de repercussão na sociedade". (DANTAS, Bruno. *Repercussão geral: perspectivas histórica, dogmática e de direito comparado: questões processuais*. São Paulo: Editora Revista dos Tribunais, 2008, p. 286).

226 Corretos, portanto, Luiz Rodrigues Wambier, Teresa Arruda Alvim Wambier e José Miguel Garcia Medina ao afirmarem: "Vê-se que, sob este prisma, a relevância jurídica em sentido estrito pode ultrapassar 'os interesses subjetivos da causa', referido no § 1º do mesmo artigo, pois pressupôs o § 3º que, tendo sido contrariadas súmula ou jurisprudência dominante do STF, estará presente questão com repercussão geral". (WAMBIER; WAMBIER; MEDINA, 2007, p. 246).

227 Natural que, da multiplicidade de recursos, resultem decisões antagônicas, fazendo-se necessária a intervenção do STF para uniformizar a aplicação do direito constitucional.

228 Conforme referiu, no STF, o Min. Marco Aurélio, em decisão monocrática tomada nos autos do RE 561865/RS. *DJ* 22 nov. 2007, p. 136.

em inúmeros feitos apresenta-se suficiente para que seja proferido juízo positivo sobre a repercussão geral, traduzindo-se em mais um fator objetivo na sua aferição.[229]

[229] Nesse sentido, ASSIS, Carlos Augusto de. Repercussão geral como requisito de admissibilidade do recurso extraordinário (Lei 11.418/2006). *Revista Dialética de Direito Processual*, São Paulo, v. 54, p. 32-46, set. 2007, p. 43. Veja-se, ilustrativamente, a decisão do Min. Gilmar Mendes nos autos do já referido AI 685066 MC/BA (*DJ* 21 nov. 2007, p. 70), da qual se extrai a seguinte passagem: "Não tenho dúvidas de que a questão discutida nestes autos – possibilidade da cobrança de pulsos excedentes à franquia, sem a devida discriminação das ligações realizadas – está entre aquelas suscetíveis de reproduzirem-se em múltiplos feitos (o que, inclusive, se pode inferir de dados que foram enviados pela Assessoria de Gestão Estratégica deste Tribunal), de forma que se apresenta indubitavelmente pertinente a invocação da disciplina do art. 328 do RISTF".

4. Procedimento

4.1. Aplicabilidade às hipóteses previstas no art. 102, III, da Constituição Federal

O art. 102, III, da CF/88, consagra quatro hipóteses de cabimento do recurso extraordinário: contrariedade à Constituição; declaração de inconstitucionalidade de tratado ou de lei federal; declaração de validade de lei ou de ato de governo local contestado em face da Constituição; e declaração de validade de lei local contestada em face de lei federal. Assim, resta subjacente ao recurso extraordinário, invariavelmente, controvérsia sobre uma *questão constitucional*, que configura condição genérica fundamental para a admissibilidade da impugnação.[230]

A exigência da demonstração da repercussão geral abrange os recursos fundados em quaisquer dos permissivos constitucionais.[231] O recurso extraordinário, cujos pressupostos são configurados expressamente na Constituição, não é específico de nenhuma jurisdição. Sua "marcha processual", na expressão de Alcides de Mendonça Lima, "deverá ser única, uniforme, geral, independentemente da natureza da questão".[232]

[230] SILVA, Ovídio A. Baptista da. *Curso de processo civil.* 7. ed. rev. e atual. Rio de Janeiro: Forense, 2005, v. 1, p. 431.

[231] Nesse sentido, SOUZA, Bernardo Pimentel. Apontamentos sobre a repercussão geral no recurso extraordinário. In: ASSIS, Araken de et al. (Coord.). *Direito civil e processo:* estudos em homenagem ao Professor Arruda Alvim. São Paulo: Revista dos Tribunais, 2008, p. 1231-1232.

[232] LIMA, Alcides de Mendonça. A marcha processual do recurso extraordinário. *Revista Jurídica,* Porto Alegre, n. 37, p. 10-16, jan./fev. 1959, p. 10.

Eventual exceção ao requisito, portanto, haveria de vir expressa. Contudo, não se vislumbra, na redação do art. 102, § 3º, da CF/88, qualquer restrição nesse sentido. A Lei nº 11.418/06, da mesma forma, manteve-se fiel ao dispositivo constitucional que lhe fundamenta a validade. Diante da genérica previsão, descabe ao intérprete restringir o campo de aplicação da norma.[233]

4.2. Demonstração preliminar: aspectos e conseqüências

O recurso extraordinário deverá conter, conforme exigência prevista no art. 541 do CPC, a exposição do fato e do direito, a demonstração de seu cabimento e as razões do pedido de reforma da decisão recorrida. Já o art. 543-A, § 2º, do mesmo diploma, prescreve que o recorrente deverá demonstrar, em preliminar, a existência da repercussão geral.

A exposição do fato e do direito, muitas vezes relegada a um plano secundário, vez que não necessariamente persuasiva, mas predominantemente expositiva, ganha importância. Por certo, ao tomar ciência do ponto jurídico discutido no processo, o relator do recurso extraordinário já terá influenciada sua convicção na formação do juízo sobre a magnitude da questão constitucional discutida no feito.

Após expor o fato e o direito, cabe ao recorrente demonstrar o cabimento do recurso extraordinário, fixado no art. 102, III, letras *a* a *d*, da Constituição Federal.[234] Em seqüência, deverá demonstrar a repercussão geral da questão constitucional. Correto, no ponto, o escólio de Araken de Assis:

> Apesar de o dispositivo sugerir que a demonstração da repercussão geral preceda quaisquer outras considerações, na medida em que a trata como preliminar do recurso, a boa ordenação lógica dos componentes da causa de pedir recursal situa a questão em terceiro lugar, após a explicitação das questões de fato e de direito e da demonstração do cabimento. Sem tais dados, e principalmente da cabal individua-

[233] Releva recordar que o Supremo Tribunal Federal já decidiu que "é de exigir-se a demonstração da repercussão geral das questões constitucionais discutidas em qualquer recurso extraordinário, incluído o criminal". (Supremo Tribunal Federal. Tribunal Pleno, QOAI 664567/RS. Relator: Min. Sepúlveda Pertence. *DJ* 06 set. 2007).

[234] BARBOSA MOREIRA, 2005b, v. 5, p. 584.

lização da questão constitucional, o tribunal encontrará dificuldades para apreciar a transcendência do recurso.[235]

É ônus do recorrente[236] declinar, formal e fundamentadamente, que o seu recurso merece ultrapassar o mecanismo que controla o acesso ao Supremo, pois preenche os critérios previstos para a configuração da repercussão geral. Trata-se de exigência atinente à regularidade formal do recurso extraordinário. Omitindo-se a parte no seu atendimento, sua irresignação estará fadada à inadmissão.[237] Não há dispensa do requisito sequer nas hipóteses em que o recurso extraordinário impugna decisão que contraria a jurisprudência sumulada ou dominante do STF.[238]

Frise-se, no entanto, que, a despeito de a correção técnica recomendar seja a repercussão geral demonstrada preliminarmente às razões do pedido de reforma da decisão recorrida, uma eventual irregularidade topológica não justifica a inadmissão do recurso extraordinário.[239] Deve-se evitar solução meramente formalista.[240] O que se apresenta fundamental, em última análise, é a existência de tópico específico e motivado no corpo do recurso extraordinário.

Não se indica a adoção pretoriana, entre nós, de mecanismo similar à *gravedad institucional* incorporada ao direito argentino – e que acabou por frustrar, como antecipado, a eficácia do mecanismo

[235] ASSIS, A., 2007c, p. 728.

[236] A demonstração da repercussão geral da questão constitucional é um ônus, não uma obrigação. Aquele que não atende ao requisito não comete ilícito algum, mas se sujeitará à inadmissão do seu recurso extraordinário.

[237] Assim foi divulgado no Boletim Informativo STF nº 500: "O Tribunal negou provimento a agravo regimental interposto contra decisão da Presidência da Corte que, ante a inobservância do que disposto no art. 543-A, § 2º, do CPC, que exige a apresentação de preliminar sobre a repercussão geral da matéria constitucional suscitada, não conhecera de recurso extraordinário (RISTF, artigos 13, V, c, e 327). Considerou-se que, na linha da orientação firmada no julgamento do AI 664567 QO/RS (DJU de 6.9.2007), todo recurso extraordinário, interposto de decisão cuja intimação ocorreu após a publicação da Emenda Regimental 21 (DJU de 3.5.2007), deve apresentar preliminar formal e fundamentada da repercussão geral das questões constitucionais nele discutidas. Asseverou-se, ademais, que nem o fato de o tema discutido no recurso extraordinário ser objeto de ação direta de inconstitucionalidade pendente de julgamento no Plenário, nem o de terem sido sobrestados outros recursos extraordinários até o julgamento desse processo de controle concentrado, afastariam essa exigência legal, não havendo se falar em demonstração implícita de repercussão geral. RE 569476 AgR/SC, rel. Min. Ellen Gracie, 2.4.2008. (RE-569476)."

[238] Assim, *v.g.*, Supremo Tribunal Federal. Tribunal Pleno. AI-AgR 690318/RJ. Relator: Min. Gilmar Mendes. *DJ*e-157,divulg. 21 ago 2008, public. 22 ago 2008.

[239] Nesse sentido, MARINONI; MITIDIERO, 2007, p. 41.

[240] TALAMINI, 2007, p. 58.

de restrição adotado no país vizinho. Deve-se resistir à eventual tentação do reconhecimento, de ofício, da repercussão geral da questão constitucional. Mais do que ferir o princípio dispositivo e a garantia do devido processo legal processual, colocar-se-ia em risco a própria efetividade (e a conseqüente sobrevivência) do novo paradigma que pauta o acesso ao STF. Surpreenderia, até, que a Corte, sempre rigorosa na aferição dos requisitos de admissibilidade do recurso extraordinário, viesse a atenuar sua clássica postura justamente no momento em que o constituinte derivado, sensibilizado pela realidade, adotou mecanismo de restrição ao seu acesso.[241] Lembre-se, ainda, do paradigma presente no âmbito do controle concentrado, em que o Supremo sempre se sujeita ao princípio da demanda, sendo-lhe defeso dar início à causa sem que haja provocação dos legitimados, por maior que seja a relevância da questão.

Isso não conduz, no entanto, à idéia de que o STF deva ficar restrito, na aferição da repercussão geral, à fundamentação trazida pelo recorrente. Sua cognição, no ponto, não encontra limite nas razões declinadas pelas partes. A investigação sobre o atendimento dos critérios que norteiam a positivação *in concreto* da repercussão geral, embora decorrente de iniciativa do interessado, por ela não se limita. A previsão da pluralização do debate (CPC, art. 543-A, § 6º) traz elemento importante para conclusão nesse sentido. Houvesse corte cognitivo, limitando o STF à fundamentação do recorrente (e do recorrido, em suas contra-razões), à citada norma somente restaria a produção de efeito nocivo – retardar a tomada de decisão. Some-se a isso, mais uma vez, o paralelo com o procedimento adotado no controle concentrado de normas, em que a causa de pedir é aberta, o que permite ao Supremo declarar a constitucionalidade ou a inconstitucionalidade por motivo distinto daquele argüido pelo autor da ação.[242]

---

[241] Em sentido oposto, Samir José Caetano Martins sustenta: "Com relação às conseqüências da omissão do recorrente em demonstrar a repercussão geral da questão constitucional na preliminar recursal, penso que a relevância da matéria pode (e deve) ser realçada nas razões recursais, mas, independente disso, o Supremo Tribunal Federal deverá reconhecer a relevância da matéria, de ofício, ao examinar as razões recursais". (MARTINS, Samir José Caetano. A repercussão geral da questão constitucional. (Lei nº 11.418/2006). *Revista Dialética de Direito Processual*, São Paulo, v. 50, p. 95-111, maio 2007, p. 102).

[242] Luiz Guilherme Marinoni e Daniel Mitidiero, com inteira correção, afirmam: "Pondera-se, contudo, que a fundamentação levantada pela parte para demonstração da repercussão geral da questão debatida não vincula o Supremo Tribunal Federal. Sendo o recurso extraordinário canal de controle de constitucionalidade no direito brasileiro, pode o Supremo admitir recur-

Da mesma forma, não há vinculação à qualificação jurídica dada pelo recorrente. Assim, por exemplo, nada impede que, afirmada a presença de reflexos de natureza social, conclua-se pela relevância da questão, mas sob o ponto de vista jurídico. O STF é livre para dar a adequada qualificação jurídica à questão versada.

A matéria discutida no recurso – que não necessariamente será a mesma da causa – balizará o debate em torno da presença da repercussão geral. Com base na controvérsia presente, perguntar-se-á: a questão ventilada possui repercussão geral? Entenda-se por questão, para esse efeito, a contrariedade ou não à Constituição; a constitucionalidade ou a inconstitucionalidade de tratado ou lei federal; a validade ou a invalidade de lei ou de ato de governo local contestado em face da Constituição; e a validade ou a invalidade de lei local contestada em face de lei federal.

Ao verificar a presença da repercussão geral, há que se evitar a incursão no mérito recursal, composto pela causa de pedir e pelo pedido do recorrente – e que determinará o provimento ou o desprovimento do recurso. A exigência de demonstração do requisito em sede preliminar deixa claro que não se deseja vincular a investigação sobre sua presença com o contido nas razões recursais. Não fosse esse o sentido da norma, preferível seria disposição no sentido de que a demonstração da repercussão geral antecedesse o pedido, em seguida à fundamentação do recorrente quanto à necessidade de reforma ou de cassação da decisão impugnada.

Por isso, o STF, ao verificar se é condizente com as suas funções pronunciar-se sobre a questão de fundo presente no recurso extraordinário, deve levar em consideração não os motivos declinados pelo recorrente para a reforma ou cassação da decisão (*o porquê*), mas sim *aquilo* cuja reforma ou cassação é buscada (*o quê*).[243] Mesmo que o recorrente baseie a alegação de violação à Constituição em um ou outro dispositivo, isso não importará – e muito menos vinculará – na

so extraordinário entendendo relevante e transcendente a questão debatida por fundamento constitucional diverso daquele alvitrado pelo recorrente. É o que ocorre, e está de há muito sedimentado na jurisprudência do Supremo, a respeito da causa de pedir da ação direta de inconstitucionalidade, fenômenos semelhantes que, aqui, encontram ressonância, Eis aí, a propósito, mais um traço de *objetivação* do controle difuso de constitucionalidade". (MARINONI; MITIDIERO, 2007, p. 42).

[243] A referência, pelo art. 543-A, § 5º, à "matéria idêntica", e pelo 543-B, *caput*, à "idêntica controvérsia", reforça o entendimento ora exposto.

apreciação da preliminar. Não se examina se o recurso possui repercussão geral frente a este ou a aquele dispositivo constitucional, conforme argüido pelo interessado. Examina-se se a questão constitucional controvertida possui, ou não, repercussão geral, conforme os critérios fornecidos pelo legislador.

Se o fato de a mesma questão se assentar em mais de um fundamento não gera maiores problemas na verificação da repercussão geral, o mesmo não se pode afirmar quando, no mesmo recurso extraordinário, estão presentes questões autônomas, cada qual com sua causa de pedir e o seu pedido específico (recurso partível quanto ao seu objeto). Em tais hipóteses, necessária a demonstração da repercussão geral de cada capítulo, sob pena de ferir o art. 102, § 3º, da CF/88. Apenas se conhecerá de matéria cuja repercussão tenha sido atestada pelo STF. Como ressalta Arruda Alvim,

> [...] somente a questão constitucional em relação à qual se reconheça repercussão geral é que comportará o recurso extraordinário. Todas as questões constitucionais que não sejam dotadas desse atributo, pela EC n. 45, estão excluídas da possibilidade de recurso extraordinário. Este último conjunto de questões constitucionais passou a ser objeto de "veto" constitucional, em que se estabeleceu o não-cabimento de recurso extraordinário.[244]

Portanto, há que se refutar, como regra, o entendimento segundo o qual "o exame da questão federal relevante encartada entre outras questões constitucionais se insere no contexto do efeito translativo do recurso extraordinário",[245] sob pena de fácil burla ao mecanismo constitucional. Não se aplica, portanto, a orientação contida na Súmula nº 528 do STF.[246] É possível, não obstante, que, por

---

[244] ARRUDA ALVIM, 2005, p. 65.

[245] MARTINS, 2007, p. 103.

[246] Súmula 528: "Se a decisão contiver partes autônomas, a admissão parcial, pelo presidente do tribunal 'a quo', de recurso extraordinário que, sobre qualquer delas se manifestar, não limitará a apreciação de todas pelo Supremo Tribunal Federal, independentemente de interposição de agravo de instrumento". A edição do verbete considerou a impossibilidade de o presidente do tribunal *a quo* cindir o recurso, admitindo-o em parte, o que evitaria a interposição de agravo de instrumento em face de um recurso que, de qualquer forma, chegaria ao STF (v., a respeito, Supremo Tribunal Federal. Tribunal Pleno, AI-embargos 31489/SP Relator: Min. Gonçalves de Oliveira. *DJ* 11 out. 1968). Refere-se, portanto, a situação distinta da que se dá no procedimento da repercussão geral, em que o presidente do tribunal de origem não pode, como será logo adiante demonstrado, negar seguimento ao recurso por ausência de repercussão geral da questão constitucional.

força do efeito expansivo,[247] o reconhecimento da repercussão geral e o provimento do recurso extraordinário quanto a um de seus capítulos atinja, necessariamente, questões carentes de repercussão, mas dependentes da parte reformada ou anulada do provimento.

4.3. Competência

Como visto, exige-se do recorrente, em preliminar, a demonstração de que a questão constitucional que dá ensejo ao seu apelo extremo ostenta repercussão geral. Do próprio texto constitucional, já se extraía a impossibilidade de o órgão *a quo* obstar a subida do recurso extraordinário pela ausência de repercussão geral da questão constitucional. Segundo o seu art. 102, § 3°, a admissão do recurso somente poderia ser recusada com a manifestação de dois terços dos membros do Tribunal. Afigurava-se evidente que o Tribunal ao qual o dispositivo se referia era o Supremo Tribunal Federal, diante do singelo – mas esclarecedor – fato de que a previsão estava encartada no art. 102 da CF/88, que estabelece as competências do Pretório Excelso.[248]

Isso ficou ainda mais claro a partir do disposto no art. 543-A, § 2°, do CPC, que explicitamente encarrega o Supremo Tribunal Federal, *com exclusividade*, de examinar a existência ou não de questões relevantes do ponto de vista econômico, político, social ou jurídico, que ultrapassem os interesses subjetivos da causa. O relator, assim, não pode, monocraticamente, reputar presente ou ausente a repercussão geral de questão constitucional inédita, fato que somente compete ao Plenário.

---

[247] "O efeito expansivo diz respeito à possibilidade de o resultado do julgamento atingir outros atos do processo, que não apenas a decisão impugnada no recurso, ou partes alheias ao recurso". (PORTO; USTÁRROZ, 2008, p. 78).

[248] O Tribunal citado no parágrafo só poderia ser o Tribunal referido no *caput*, ou seja, o STF. Elvio Ferreira Sartório e Flávio Cheim Jorge, atentos à ordem gramatical, assim se manifestaram: "A letra maiúscula de Tribunal sugere que o Tribunal competente é o STF, uma vez que na sistemática da Constituição Federal de 1988 a palavra tribunal (com letra minúscula), em regra, é utilizada para designar os tribunais em geral (ou os ordinários) e, em letra maiúscula, para designar os tribunais superiores". (SARTÓRIO, Elvio Ferreira; JORGE, Flávio Cheim. O recurso extraordinário e a demonstração da repercussão geral. In: WAMBIER, Teresa Arruda Alvim. et.al. (Coord.). *Reforma do Judiciário:* primeiros ensaios críticos sobre a EC n. 45/2004. São Paulo: Revista dos Tribunais, 2005, p. 186).

No juízo de admissibilidade desdobrado ou bipartido, aspecto procedimental comum aos recursos extraordinário e especial,[249] o órgão *a quo* não poderá, em regra, obstar a subida do extraordinário por ausência de repercussão geral da questão constitucional. Exceção está na hipótese de multiplicidade de recursos com idêntica controvérsia, quando o STF proferir juízo negativo de admissibilidade (CPC, art. 543-B, § 2º). Pelas mesmas razões, crível sustentar que, caso o Supremo repute ausente a repercussão geral em determinada hipótese, ainda que não siga o rito do art. 543-B, poderá o órgão *a quo*, deparando-se com recurso que envolva idêntica controvérsia, declarar sua inadmissibilidade. Por certo, o art. 543-A, § 5º, pode ser invocado nessa hipótese. A lógica indica ser desnecessária a admissão compulsória, o que apenas retardaria uma resposta já sabida. Em casos tais, a garantia constitucional da razoável duração do processo (art. 5º, LXXVIII), por se tratar de norma de hierarquia superior, deve balizar a interpretação do direito infraconstitucional. A melhor exegese do referido dispositivo reside na sua aplicação também no âmbito do órgão *a quo*.[250]

Caso o juízo de origem, afora as estritas exceções, avance na competência exclusiva do STF, a decisão se sujeitará à reclamação, conforme previsto no art. 102, I, "l", da CF/88,[251] sem prejuízo do cabimento do agravo de instrumento.[252] Aliás, é imprescindível a interposição do recurso previsto no art. 544 do CPC. Além de ser incabível reclamação contra decisão já transitada em julgado, conforme expressa a Súmula 734 do STF, também a prudência recomenda o aviamento do recurso específico, uma vez que a jurisprudência do

---

[249] MANCUSO, Rodolfo de Camargo. *Recurso extraordinário e recurso especial*. 10. ed. rev. ampl. e atual. São Paulo: Revista dos Tribunais, 2007, p. 174. Frise-se, por oportuno que, tal como já pronunciou o STF, "O juízo de admissibilidade do recurso extraordinário no Tribunal *a quo*, por sua natureza preliminar e provisória, não vincula a posterior análise no Supremo Tribunal Federal das condições de viabilidade do apelo". (Supremo Tribunal Federal. Segunda Turma. AI-AgR 357900/RJ. Relator: Min. Maurício Corrêa. *DJ* 21 jun. 2002, p. 123).

[250] O agravo do art. 544 do CPC poderá desempenhar a mesma função que o agravo interno em face da decisão do relator, prevista no art. 327, § 2º, do RISTF, permitindo que o recorrente demonstre que a hipótese presente no seu recurso não se amolda à anterior decisão do STF.

[251] Nesse sentido: MARINONI; MITIDIERO, 2007, p. 43; WAMBIER; WAMBIER; MEDINA, 2007, p. 249.

[252] Recorrendo à analogia, consoante indica o art. 4º do Decreto-Lei nº 4.657/42, observa-se que a Lei nº 11.417/08, em seu art. 7º, assim prevê: "Da decisão judicial ou do ato administrativo que contrariar enunciado de súmula vinculante, negar-lhe vigência ou aplicá-lo indevidamente caberá reclamação ao Supremo Tribunal Federal, sem prejuízo dos recursos ou outros meios admissíveis de impugnação".

Pretório Excelso tem posição firmada no sentido de que a reclamação não pode ser utilizada como sucedâneo recursal.[253]

Poderá o órgão de origem, contudo, negar seguimento ao recurso extraordinário se a parte não cumprir o ônus da demonstração, ou seja, se não declinar, formal e fundamentadamente, a existência do requisito. A verificação da *presença* da preliminar se sujeita ao juízo do tribunal *a quo*, sendo plena, no ponto, a admissibilidade desdobrada. O que não se permite, repita-se, é a aferição da efetiva existência da repercussão geral da questão constitucional, pois, como visto, o texto constitucional determina que a recusa deva se dar por dois terços dos membros do STF e a lei é expressa em cometer ao Pretório Excelso o exame da questão.

4.3.1. Implicações decorrentes da Súmula 126 do STJ

Da competência para o pronunciamento acerca da repercussão geral, decorrem algumas conseqüências de ordem prática. Como se sabe, assentando-se a decisão de última instância em fundamentos constitucionais e infraconstitucionais, exige-se que o recorrente, simultaneamente, interponha recurso extraordinário e recurso especial.[254] Nesse sentido, a Súmula 126 do STJ.[255] Dessa forma, desejando recorrer aos tribunais superiores, não poderá a parte simplesmente escolher se submeterá a questão ao STJ, via recurso especial, ou ao STF, via recurso extraordinário. Havendo *duplo fundamento*, impõe-se a *dupla interposição*.

[253] Nesse sentido, *v.g.*, decisão assim ementada: "RECLAMAÇÃO. EMBARGOS DE DECLARAÇÃO RECEBIDOS COMO AGRAVO REGIMENTAL. Descabimento, na espécie, de reclamação. Inviabilidade do exame, em reclamação, de irregularidades processuais supostamente ocorridas em outro tribunal, sem que se demonstre a ocorrência de alguma das hipóteses a que se refere o art. 102, I, l, da Constituição federal. Descabimento de reclamação como sucedâneo de recursos. Agravo regimental a que se nega provimento". (Supremo Tribunal Federal. Segunda Turma. Rcl-ED 3384/RJ. Relator: Min. Joaquim Barbosa. *DJ* 16 dez. 2005, p. 109).

[254] "Os recursos podem, e por vezes *devem*, ser interpostos simultaneamente. Se o acórdão estiver assentado em fundamentos autônomos, suficientes por si mesmos à sua manutenção, sendo um de natureza *constitucional* e outra *infraconstitucional*, o recorrente precisa interpor os *dois*, sob pena de não ser admitido, por falta de *interesse em recorrer* aquele que for interposto sozinho". (FERREIRA FILHO, Manoel Caetano. *Comentários ao código de processo civil.* São Paulo: Revista dos Tribunais, 2001, v. 7, p. 349).

[255] No âmbito do STF, vale citar a Súmula 283: "É inadmissível o recurso extraordinário, quando a decisão recorrida assenta em mais de um fundamento suficiente e o recurso não abrange todos eles".

Em casos tais, diante da introdução do requisito da repercussão geral no recurso extraordinário, cabe indagar se, ainda assim, persiste a exigência da interposição simultânea dos referidos recursos. A resposta, no entanto, não se afigura simples.

Como visto anteriormente, somente o Supremo Tribunal Federal poderá examinar e declarar a ausência de repercussão geral. Não cabe à parte interessada, pois, verificar, no caso concreto, se a situação enquadra-se nas hipóteses que tornam admissível o recurso extraordinário. Em outras palavras, não cabe à parte antever a ausência de repercussão geral e deixar de interpor o recurso extraordinário, sob pena de não superar a fase de admissibilidade do recurso especial. Igualmente, não pode o tribunal *a quo*, sob o argumento de a questão constitucional constante do acórdão impugnado não ostentar repercussão geral, admitir o recurso especial, caso não tenha sido manejado também o extraordinário, pois, se assim o fizer, estará emitindo juízo de valor sobre a presença ou não da repercussão geral, em usurpação à competência exclusiva do Pretório Excelso.

Na mesma linha de raciocínio, imagine-se que a parte recorrente, entendendo ausente a repercussão geral da questão constitucional presente no acórdão impugnado, deixe de interpor o recurso extraordinário. O tribunal *a quo*, com base em tal omissão, não admite o recurso especial, por violação às Súmulas 126 do STJ e 283 do STF. O recorrente, então, interpõe o agravo de instrumento previsto no art. 544 do CPC, a ser apreciado pelo Superior Tribunal de Justiça. Ocorre que este, para dar provimento ao agravo e determinar a subida do especial, teria de verificar a correção da tese do recorrente no sentido de não haver, naquele caso concreto, repercussão geral. Ou seja: acabaria proferindo juízo de valor sobre a presença ou não do requisito de admissibilidade. Isso, contudo, é vedado.

Dessa forma, assentando-se a decisão em fundamentos constitucional e infraconstitucional, e na ausência de decisão do Supremo Tribunal Federal no sentido da falta de repercussão geral da questão versada, deve o recorrente, junto ao especial, interpor também o recurso extraordinário.[256]

---

[256] Nesse sentido, colhe-se excerto de decisão monocrática tomada no âmbito do STJ, de lavra da Min. Nancy Andrighi: "[...]. Furtou-se o agravante, contudo, de interpor o recurso extraordinário, o que impede o exame do recurso especial, a teor do entendimento consubstanciado na Súmula 126 deste STJ: 'É inadmissível recurso especial, quando o acórdão recorrido assenta em fundamentos constitucional e infraconstitucional, qualquer deles suficiente, por si só, para

De outra sorte, decidindo o STF que determinada questão não oferece repercussão geral, não se poderá exigir que a parte interponha, ainda assim, recurso extraordinário.[257] Note-se que, consoante a atual redação do art. 326 do regimento interno do STF, toda decisão de inexistência de repercussão geral é irrecorrível e vale para todos os recursos sobre questão idêntica. Assim sendo, após manifestação conclusiva do Pretório Excelso, desnecessário percorrer rito inútil e que atenta aos notórios anseios das reformas constitucional e processual.[258]

4.4. *Quorum*

Presume-se existente a repercussão geral da questão constitucional encartada no recurso. Apenas com o voto de oito ministros será possível rechaçá-la. Destaca-se a prudência na restrição do acesso ao STF, sujeita à chancela de uma maioria qualificada dos membros do Tribunal, em sessão do Plenário, o que lhe confere máxima autoridade.[259] O *quorum* previsto guarda consonância, *v.g.*, com aquele exigido para a modulação temporal dos efeitos na declaração

mantê-lo, e a parte vencida não manifesta recurso extraordinário'. Por fim, é coerente salientar que, após o advento da EC 45/04 e de sua devida regulamentação, será o próprio STF, em juízo de admissibilidade do recurso extraordinário, que avaliará a existência de repercussão geral das questões constitucionais discutidas no caso, não cabendo, portanto, à parte, deixar de interpor o recurso sob alegação de que a matéria sob exame não tem repercussão geral [...]". (Superior Tribunal de Justiça. Ag 796141. *DJ* 29 set. 2006).

[257] Vale referir que, nos termos do art. 543-A, § 5º, negando o STF a existência da repercussão geral, a decisão valerá para todos os recursos sobre matéria idêntica, que serão indeferidos liminarmente, salvo revisão da tese.

[258] Roberto Rosas, em comentários à Súmula 126 do STJ, anota: "Se a parte constitucional não foi atacada em recurso extraordinário, há preclusão dessa matéria. Se ela é fundamento suficiente para, por si só, validar a decisão, ainda que provido o recurso especial, não poderia este ser admitido. Se o fundamento constitucional é irrecorrido, e plausível seria seu acolhimento, não é admitido o recurso especial". (ROSAS, Roberto. *Direito sumular*. 10. ed. rev. e atual. São Paulo: Malheiros, 2000, p. 343). Havendo, portanto, anterior recusa do STF sobre a repercussão geral da questão constitucional, o recurso extraordinário, longe de ter seu acolhimento como plausível, estaria fadado à inadmissão. Entender em sentido contrário atentaria, inclusive, à cláusula garantidora da razoável duração do processo.

[259] Para A. Castanheira Neves, "O pleno do Supremo Tribunal – ou o pleno dos supremos tribunais – é chamado à função específica que, como Supremo Tribunal, lhe compete, não para a realizar desligada ou com abstracção da função jurisdicional, que igualmente lhe cumpre – embora aquela vá para além desta no seu sentido estrito –, mas para a assumir em unicidade orgânico-institucional e com aquela qualificação de que não deixará de revestir-se ao assumi-la

de inconstitucionalidade (Lei nº 9.868/99), o que demonstra a extrema cautela do constituinte derivado na configuração do instituto. Reduzem-se, assim, os espaços para críticas quanto a possíveis arbitrariedades na aplicação do mecanismo. Como ressalta Arruda Alvim,

> A recusa do recurso extraordinário, porque ausente a repercussão geral, pela elevada maioria de dois terços é saudável, porquanto procura que esteja subjacente a essa recusa um alto grau de *certeza* e de *segurança*, compensatórias – diga-se assim – da circunstância de a repercussão geral constituir-se num conceito vago, propiciando menor certeza e menos segurança. Esse *quorum "prudencial"* coincide substancialmente com os do direito alemão (§ 554 b, 2, hoje revogado) e norte-americano.[260]

Para André Ramos Tavares, o intuito está em evitar a acumulação de poderes na figura do relator. Todavia, critica a concentração no Plenário, sustentando que teria sido salutar reconhecer a possibilidade de rejeitar o recurso a cada uma das Turmas, ainda que pela maioria absoluta delas.[261]

O regramento infraconstitucional da repercussão geral, no entanto, aplacou as críticas à afetação da decisão ao Plenário do STF. Uma vez negada sua existência, a decisão valerá para todos os recursos sobre matéria idêntica (CPC, art. 543-A, § 5º). Afinal, como ressalta Humberto Theodoro Júnior, "A falta de repercussão geral não é do recurso individualmente proposto, é da questão constitucional nele tratada".[262]

Nos casos de multiplicidade de recursos fundados em idêntica controvérsia, a vinculação vertical revela-se ainda mais abrangente (CPC, art. 543-B, § 2º). Dessa forma, tendo em vista a relevância e a projeção que os pronunciamentos do STF assumirão no contexto previsto pela nova sistemática processual, de todo indicado que a decisão que fecha as portas do Tribunal a determinada questão constitucional submeta-se a ampla discussão, abrindo-se oportunidade para que todos os seus membros tomem conhecimento do tema e, assim, possam se posicionar segundo seu livre convencimento.

---

assim. Se a unicidade orgânica é correlato da unidade intencional, o *pleno* institucional postula a máxima *auctoritas*." (CASTANHEIRA NEVES, 1983, p. 662).

[260] ARRUDA ALVIM, 2005, p. 65.

[261] TAVARES, André Ramos. *Reforma do judiciário no Brasil pós-88:* (des)estruturando a justiça: comentários completos à EC n. 45/04. São Paulo: Saraiva, 2005a, p. 104.

[262] THEODORO JÚNIOR, 2007, p. 17.

Ademais, havendo prévia apreciação sobre a repercussão geral de determinada questão, a análise do requisito poderá ser feita monocraticamente.[263] Prevista está, também, a possibilidade de a Presidência do STF recusar recursos cuja matéria carecer de repercussão geral, segundo precedente do Tribunal.[264] Aliás, o procedimento de verificação da presença da repercussão geral é expressamente dispensado nos casos em que o recurso versar questão cuja repercussão já houver sido reconhecida pelo Tribunal, ou quando impugnar decisão contrária a súmula ou a jurisprudência dominante do STF.[265]

Segundo dispõe o § 4º do art. 543-A do CPC, se a Turma decidir pela existência da repercussão geral por, no mínimo, quatro votos, estará dispensada a remessa do recurso ao Plenário.[266] Trata-se de norma lógica. Sendo necessários oito votos para afastar a repercussão geral, a manifestação de quatro julgadores no sentido de sua presença já inviabilizaria a recusa do recurso. A tendência do dispositivo, no entanto, é tornar-se letra morta, uma vez que o art. 323, *caput*, do RISTF, conforme será detalhado mais adiante, prevê a manifestação eletrônica do relator sobre a repercussão geral tanto nos casos em que reputá-la existente, quanto naqueles em que considerá-la inexistente. De fato, apresenta-se mais racional a imediata adoção do procedimento de verificação, que define, de plano, a presença ou não do requisito.

Na hipótese de revisão de tese, nada se altera quanto ao *quorum*, em respeito ao disposto no art. 102, § 3º, da CF/88. Assim, para que seja afastada a repercussão geral previamente reconhecida, são necessários oito votos nesse sentido. De outra sorte, para que seja re-

---

[263] José Miguel Garcia Medina, Luiz Rodrigues Wambier e Teresa Arruda Alvim Wambier, quando do advento da EC 45/04, indagavam se as Turmas ou mesmo o relator do recurso extraordinário poderiam negar-lhe seguimento, em razão de o Pleno já haver firmado jurisprudência pacífica no sentido de determinada questão não ostentar repercussão geral. Em resposta, afirmaram: "Pensamos, assim, que, havendo jurisprudência firme do pleno no sentido de que dada questão não tem repercussão geral, recursos extraordinários futuros que veiculem questões jurídicas idênticas poderão ser rejeitados por uma das turmas do STF ou, até, pelo próprio relator do recurso (cf. art. 557 do CPC) e não necessariamente por dois terços do pleno do Tribunal. Esta, segundo nos parece, deverá ser a solução a ser estabelecida pelo legislador, no caso". (MEDINA; WAMBIER; WAMBIER, 2005, p. 378). O art. 543-A, § 5, do CPC, veio a confirmar a previsão dos autores.

[264] RISTF, arts. 13, V, "c"; 21, § 1º; e 327, *caput*.

[265] RISTF, art. 323, § 1º.

[266] As Turmas, no STF, são constituídas de cinco Ministros, conforme dispõe o art. 4º do RISTF.

conhecida repercussão geral inicialmente rechaçada, suficiente que não se atinjam oito votos em sentido contrário à proposta.[267]

4.5. Concessão de efeito suspensivo ao recurso extraordinário

Embora o recurso extraordinário não seja, *ope legis*, dotado de efeito suspensivo,[268] admite-se, diante da necessidade de, em alguns casos, obstar a eficácia das decisões recorridas,[269] a utilização de medida cautelar como instrumento adequado a fim de se atingir tal finalidade. No âmbito do Supremo Tribunal Federal, o procedimento rege-se por norma especial, prevista no art. 21, V, do seu Regimento Interno.[270]

Pendente o juízo de admissibilidade do recurso extraordinário, cabe ao Presidente do tribunal de origem examinar o pedido de medida cautelar. Superado aquele, a competência é do próprio Supremo Tribunal Federal.[271]

Manoel Lauro Volkmer de Castilho, a partir da competência exclusiva do Supremo para aferir o conteúdo da repercussão geral, propõe interessante conseqüência: a impossibilidade de o Presidente ou o Vice-Presidente do tribunal de origem concederem efeito

---

[267] Nesse sentido, NETTO, Nelson Rodrigues. A alteração do regimento interno do Supremo Tribunal Federal para a aplicação da repercussão geral da questão constitucional no recurso extraordinário. *Revista Dialética de Direito Processual*, São Paulo, v. 52, p. 108-115, jul. 2007a, p. 115.

[268] CPC, arts. 497 e 542, § 2º; RISTF, art. 321, § 4º.

[269] WAMBIER, Luiz Rodrigues. Do manejo da tutela cautelar para obtenção de efeito suspensivo no recurso especial e no recurso extraordinário. In: WAMBIER, Teresa Arruda Alvim (Coord.). *Aspectos polêmicos e atuais do recurso especial e do recurso extraordinário*. São Paulo: Revista dos Tribunais, 1997, p. 358.

[270] "Art. 21. São atribuições do Relator: [...].V – determinar, em caso de urgência, as medidas do inciso anterior, *ad referendum* do Plenário ou da Turma". Diz o inciso anterior: "IV – submeter ao Plenário ou à Turma, nos processos da competência respectiva, medidas cautelares necessárias à proteção de direito suscetível de grave dano de incerta reparação, ou ainda destinadas a garantir a eficácia da ulterior decisão da causa".

[271] A matéria é objeto das súmulas 634 ("Não compete ao Supremo Tribunal Federal conceder medida cautelar para dar efeito suspensivo a recurso extraordinário que ainda não foi objeto de juízo de admissibilidade na origem") e 635 ("Cabe ao presidente do tribunal de origem decidir o pedido de medida cautelar em recurso extraordinário ainda pendente do seu juízo de admissibilidade"), do STF.

suspensivo ao recurso extraordinário enquanto não formalmente admitido pelo tribunal *ad quem*, pois isso implicaria em afirmação implícita da repercussão, o que lhes é vedado.[272] O raciocínio, a despeito de sua originalidade, não merece acolhida. Explica-se.

A concessão de medida cautelar no órgão *a quo*, como adiantado, somente é possível antes de proferido o juízo de admissibilidade do extraordinário. Ressalta lógico que, pendente o juízo de admissibilidade, um de seus requisitos não pode obstaculizar a concessão da medida, que tem outros pressupostos: a plausibilidade do direito e o receio de dano irreparável ou de difícil reparação. A incerteza do futuro, derivada de ato processual não realizado, não pode obstaculizar o acautelamento necessário no presente.

A verossimilhança, em verdade, usualmente repousa na divergência da decisão com precedente do STF a respeito da matéria, o que determina a presunção absoluta de existência de repercussão geral. De qualquer sorte, consoante já adiantado, existe uma presunção relativa de repercussão geral da questão constitucional, que somente cede diante da manifestação de dois terços dos integrantes do STF em sentido contrário. Não se está adiantando a declaração positiva de repercussão; apenas se respeita uma presunção que cerca a admissibilidade recursal.

Veja-se, até, que há precedentes do STF no sentido de que, em situações excepcionais, nas quais patentes a plausibilidade jurídica do pedido – decorrente do fato de a decisão recorrida contrariar jurisprudência ou súmula do Supremo Tribunal Federal – e o perigo de dano irreparável ou de difícil reparação a ser consubstanciado pela execução do acórdão recorrido, o Tribunal poderá deferir a medida cautelar ainda que o recurso extraordinário tenha sido objeto de juízo negativo de admissibilidade perante o Tribunal de origem e o agravo de instrumento contra essa decisão ainda esteja pendente de julgamento.[273] Excepcionalmente, ademais, a jurisprudência do Supremo admite a concessão de medidas cautelares sem o prévio juízo de admissibilidade do tribunal de origem, quando o perecimento do direito alegado for verdadeiramente irreversível ou a pretensão en-

[272] CASTILHO, Manoel Lauro Volkmer de. O recurso extraordinário, a repercussão geral e a súmula vinculante. *Revista de Processo*, São Paulo, v. 151, p. 99-119, set. 2007, p. 114.

[273] *V.g.*, Supremo Tribunal Federal. Segunda Turma. AC-QO 1770/RO. Relator: Min. Gilmar Mendes. *DJ* 19 out. 2007, p. 80.

contrar inequívoco reconhecimento na jurisprudência consolidada do próprio STF.[274]

Vedar a concessão de efeito suspensivo pela instância de origem poderia redundar no enfraquecimento dos próprios precedentes do Supremo. Imagine-se uma situação de difícil reparação, cuja matéria de fundo já tenha sido dirimida pelo STF via controle difuso. Caso o órgão de origem profira julgamento que contrarie o precedente do STF, o recorrente, até a admissão de seu recurso extraordinário, ficaria privado de meio idôneo para cessar a produção de efeitos da decisão que lhe é desfavorável. Ora, não se coaduna com o espírito da Constituição interpretação que enfraqueça o respeito às decisões do Pretório Excelso, a quem cabe a última palavra em matéria constitucional.

Afastada a presunção e rechaçada a repercussão geral, cujos efeitos se estendem a todos os processos que versam sobre a mesma matéria, desaparecerá um dos pressupostos necessários ao deferimento da medida cautelar. Em tais casos, não poderá o tribunal de origem agregar efeito suspensivo a recurso fadado à inadmissão.

No âmbito do Supremo Tribunal Federal, exige-se a conjugação de quatro requisitos para a concessão da medida cautelar: 1) instauração da jurisdição cautelar do Supremo Tribunal Federal, motivada pela existência de juízo positivo de admissibilidade do recurso extraordinário; 2) viabilidade processual do recurso extraordinário, caracterizada, dentre outros requisitos, pelas notas da tempestividade, do prequestionamento explícito da matéria constitucional e da ocorrência de ofensa direta e imediata ao texto da Constituição; 3) plausibilidade jurídica da pretensão de direito material deduzida pela parte interessada; e 4) ocorrência de situação configuradora de *periculum in mora*.[275] Considerando-se o *quorum* necessário à aferição da repercussão geral, sequer o relator do recurso extraordinário, admitido na origem, poderia, ainda que *ad referendum* do respectivo colegiado, outorgar-lhe efeito suspensivo. Seria necessário, antes de qualquer providência, provocar o incidente de verificação, deixando à margem de proteção o alegado direito do recorrente. Parece

---

[274] Supremo Tribunal Federal. Segunda Turma. AC-MC-AgR 1114/SP. Relator: Min. Gilmar Mendes. *DJ* 23 jun. 2006, p. 62.

[275] Nesse sentido, *v.g.*, Supremo Tribunal Federal. Segunda Turma Pet-QO 2705/SP. Relator: Min. Celso de Mello. *DJ* 20 maio 2005, p. 31.

não ser esse o espírito da reforma que introduziu o mecanismo da repercussão geral. Questão constitucional submetida à verificação de repercussão geral não pode ser tida, de antemão, como fator de inviabilidade recursal. Presumida a existência do requisito, e caso conjugados os demais pressupostos exigidos pela jurisprudência do STF, não há como simplesmente tolher do relator a possibilidade de concessão de medida liminar, agregando efeito suspensivo ao recurso extraordinário.

Dessa forma, ainda que se possa exigir maior parcimônia na apreciação de medidas cautelares que objetivam agregar efeito suspensivo ao recurso extraordinário, não há razão para, simplesmente, proscrever a possibilidade de sua concessão pelo órgão judicial de origem ou mesmo pelo relator do recurso extraordinário.

4.6. Momento da verificação

Conforme assaz demonstrado, a repercussão geral da questão constitucional é um pressuposto de admissibilidade do recurso extraordinário. Reforçada sua natureza jurídica, compete investigar o momento em que ocorre sua aferição.

Consoante já referido, a existência de preliminar formal e fundamentada sujeita-se à apreciação do órgão *a quo* e também do Supremo Tribunal Federal. A ausência de demonstração da presença do requisito determina a inadmissibilidade do recurso, que pode ser declarada na origem ou no âmbito do STF, inclusive pela própria Presidência e pelo Relator do recurso extraordinário, em decisão sujeita a agravo.[276]

Já a aferição da efetiva presença ou não da repercussão geral da questão constitucional, privativa do STF, somente se dá se não houver outra causa que acarrete na inadmissão do recurso extraordinário.[277] A regulamentação do mecanismo não seguiu o regime

[276] V. os acima referidos arts. 13, V, *c*; 21, § 1º; e 327, *caput*, do RISTF.

[277] RISTF, art. 323, *caput*.

previsto para a argüição de relevância, que configurava, como já referido, uma pré-condição para o recurso extraordinário.[278]

A verificação da repercussão geral da questão constitucional, portanto, somente se dará se positivo for o juízo sobre a presença de todos os demais pressupostos de admissibilidade do recurso extraordinário.[279] A adoção de procedimento distinto frustraria os mais nobres objetivos da reforma, em especial a outorga, ao STF, do tempo adequado para a ponderada análise das relevantes e transcendentes questões constitucionais que lhe são submetidas.

Imagine-se a (absurda) necessidade de reunir o Plenário do STF para debater a repercussão geral afirmada em um recurso extraordinário deserto ou intempestivo, por exemplo. Processos que poderiam ser resolvidos em decisões monocráticas demandariam apreciação, em julgamento plenário, que em nada contribuiria para o seu desfecho. Curioso, em verdade, que o órgão *a quo* pudesse proferir juízo de negativo de admissibilidade pela falta de um pressuposto que não a repercussão geral, como efetivamente pode, e o relator do recurso extraordinário, já no âmbito do Supremo, não pudesse fazê-lo, diante da necessidade de, primeiramente, analisar-se, em Plenário, a presença do requisito.

Exigir a realização de sessão plenária, em tais casos, corresponderia a atribuir ao órgão de cúpula do Poder Judiciário o dever de prestar jurisdição inócua. Atentaria, ademais, à garantia da razoável duração do processo, retardando indevidamente a sua resolução final.

---

[278] No âmbito doutrinário, Arruda Alvim sustentava que o exame da repercussão geral deveria ser prévio à admissibilidade propriamente dita. (ARRUDA ALVIM, 2005, p. 64). Infere-se, outrossim, que se tentou estalecer, no anteprojeto de lei que regulamentava a repercussão geral, uma segunda parte para o art. 543-A, que assim dispunha: "O juízo sobre a repercussão geral precederá ao exame dos demais requisitos de admissibilidade". (Cf. ABBUD, 2005b, p. 109).

[279] Extrai-se excerto de ementa de decisão monocrática tomada, no STF, pela Min. Cármen Lúcia: "Em preliminar, é de se destacar que, apesar de ter sido a Recorrente intimada depois de 2.5.2007 e constar no recurso extraordinário capítulo destacado para a defesa da repercussão geral da questão constitucional, não é o caso de se iniciar o procedimento para a aferição da sua existência, pois, nos termos do art. 323, primeira parte, do Regimento Interno do Supremo Tribunal Federal – com a redação determinada pela Emenda Regimental n. 21/2007 –, esse procedimento somente terá lugar 'quando não for o caso de inadmissibilidade do recurso por outra razão'. Essa é a situação do caso em exame, em que a análise da existência, ou não, da repercussão geral da questão constitucional torna-se dispensável, pois estão presentes outros fundamentos suficientes para a inadmissibilidade do recurso extraordinário, conforme razões que se seguem". (Supremo Tribunal Federal. RE 565739/SP. *DJ* 21 nov. 2007, p. 122).

Positivo o juízo de admissibilidade, diante da presença dos seus requisitos – dentre os quais a repercussão geral –, passa-se ao exame do mérito do recurso extraordinário. O STF, aí, conhecerá do recurso, seja para dar-lhe, seja para negar-lhe provimento.[280] Recusada a existência da repercussão geral, assim como de qualquer outro requisito, o recurso extraordinário não será conhecido.

4.7. Prequestionamento da questão constitucional

O prequestionamento é requisito historicamente relacionado ao cabimento do recurso extraordinário. A Carta de 1891, por exemplo, em seu art. 59, § 1°, *a*, reputava cabível recurso ao STF "quando se *questionar* sobre a validade, ou a aplicação de tratados e leis federais, e a decisão do Tribunal do Estado for contra ela".[281] Sua origem, consoante declinado em voto do Min. Alfredo Buzaid (RTJ 109/299), encontra-se no *Judiciary Act* norte-americano, de 1789.[282]

A exigência tornou-se matéria sumulada. O prequestionamento é objeto das Súmulas 282 ("É inadmissível o recurso extraordinário, quando não ventilada, na decisão recorrida, a questão federal suscitada") e 356 ("O ponto omisso da decisão, sobre o qual não foram opostos embargos declaratórios, não pode ser objeto de recurso extraordinário, por faltar o requisito do prequestionamento") do STF. Ainda sob o pálio da Constituição passada, o STF assentou a constitucionalidade da Súmula 282.[283]

Embora a CF/88 não tenha previsto, de modo expresso, a exigência do prequestionamento para o cabimento do recurso extraordinário, sua exigibilidade jamais foi afetada.[284] Para tanto, en-

---

[280] BARBOSA MOREIRA, 1981, v. 5, p. 302.

[281] Vale lembrar que, à época, o recurso extraordinário ainda não era assim denominado pela Constituição.

[282] MANCUSO, 2007, p. 307-308.

[283] Supremo Tribunal Federal. Tribunal Pleno. RE 96802-embargos-AgR/RJ. Relator: Min. Alfredo Buzaid. *RTJ* 109/299.

[284] Nesse sentido, *v.g.*, Supremo Tribunal Federal. Segunda Turma. AI-AgR 338090/RS. Relator: Min. Celso de Mello, *DJ* 10 maio 1996, p. 15140. Para Nelson Nery Junior, "Muito embora a CF vigente não mais se refira à expressão 'questionar', ou 'prequestionar', como o fizeram, em sua maioria, as CF revogadas, o tema se encontra no sistema constitucional brasileiro. O

tendeu-se, basicamente, tratar-se de pressuposto inerente à própria natureza do recurso extraordinário, pelo que não haveria razão alguma para considerar inconstitucional a sua exigência.[285]

Com o advento da EC 45/04, a exigência do requisito tornou-se expressa. De fato, a norma contida no art. 102, § 3º, da CF/88, ao se referir à "questão constitucional discutida no caso", albergou, de forma inequívoca, a exigência do prequestionamento.[286] Incensurável a avaliação de Manoel Lauro Volkmer de Castilho:

> Embora as Constituições mais recentes (1967/1969 e 1988) nessa disciplina não mais se referissem a "*questões*" (como estava, por exemplo, na Constituição de 1946, art. 101, III, *b*; ou na Constituição de 1937, art. 101, III, *b* e na Constituição de 1934, art. 76, III, *b*) – *expressão que deu margem à necessidade do* "prequestionamento", *operação racional que identifica a discussão prévia do tema ou questão relacionada à Constituição e que constitui o pressuposto lógico para a decisão da causa, o qual a jurisprudência então incorporou ao procedimento de admissão do recurso extraordinário* – a prévia apreciação da "questão constitucional" para o exame do recurso extraordinário, além de intuitiva, continuava sendo não só regimentalmente como logicamente, na sua falta, motivo de não conhecimento do recurso.
>
> Hoje, porém, pela redação da EC 45/2004 voltou a ser requisito formal para o exame da admissibilidade do recurso extraordinário.
>
> Em outras palavras, mesmo não constando no texto constitucional do *caput* do art. 102 da CF/88, o prequestionamento voltou a ser etapa lógica do processo de julgamento do recurso extraordinário.[287]

Longe, portanto, de dispensar o prequestionamento, a exigência da repercussão geral da questão constitucional acabou por refor-

---

prequestionamento não foi criado pela Súmula do Pretório Excelso (STF 282 e 356). Nossa Corte Suprema apenas explicitou o texto constitucional, interpretando-o. Quer dizer, o Supremo Tribunal Federal interpretou o sentido da expressão 'causas *decididas*', constante do texto constitucional". (NERY JUNIOR, 2004, p. 292).

[285] Supremo Tribunal Federal. Primeira Turma. AI-AgR 140623/RS. Relator: Min. Sepúlveda Pertence. *DJ* 18 set. 1992, p. 15412. Veja-se o seguinte excerto do voto do relator: "Ora, o fato de não estar explícito na Constituição, não afeta a exigibilidade do prequestionamento como pressuposto do recurso extraordinário. Antiga e firme jurisprudência desta Corte o reputa da própria natureza do recurso extraordinário. Ao julgá-lo, o Tribunal não se converte em terceiro grau de jurisdição, mas se detém no exame do acórdão recorrido e verifica se nele a regra de direito recebeu boa ou má aplicação. Daí a necessidade de que no julgado impugnado se tenha discutido a questão constitucional posta no extraordinário".

[286] Nesse sentido, VIANA, Juvêncio Vasconcelos. Questão de repercussão geral (§ 3º do art. 102 da Constituição Federal) e a admissibilidade do recurso extraordinário. *Revista Dialética de Direito Processual*, São Paulo, v. 30, p. 72-84, set. 2005, p. 83.

[287] CASTILHO, 2007, p. 101.

çá-lo.[288] Pertinente a observação de Elvio Ferreira Sartório e Flávio Cheim Jorge:

> Se a *repercussão geral* é requisito de recurso extraordinário, ao que tudo indica deve ser entendido por *questões discutidas* aquelas de estirpe constitucional que foram prequestionadas e constam da decisão recorrida. Será, portanto, relevante aquilo que foi objeto de prequestionamento, não havendo como escapar dessa exigência.

Não se sustenta, dessa forma, o raciocínio segundo o qual o Supremo Tribunal Federal poderá admitir o recurso extraordinário sem o prequestionamento, como preconiza Lenio Luiz Streck.[289] Cabendo às cortes de cúpula analisar a adequação e orientar a atividade dos tribunais locais, em homenagem aos ideais federativos, nada mais natural que lhes exigir, nos casos concretos, a expressa manifestação sobre os temas debatidos nos recursos.

A consagração formal do requisito, no entanto, não tem o condão de modificar a sua sistemática. Em outras palavras: não há motivos para qualquer alteração nas diretrizes adotadas pelo STF no tocante ao prequestionamento. Assim, necessário que a questão constitucional tenha sido explicitamente ventilada na decisão recorrida.[290] Em caso de omissão do órgão *a quo*, o que se reputa ausente de prequestionamento é o ponto em relação ao qual o recorrente não opôs embargos declaratórios. Uma vez opostos, mesmo havendo recusa em suprir a deficiência, estará suprida a exigência.[291]

É possível, no entanto, que, com o desenvolvimento do novo regime do recurso extraordinário, passe a repercussão geral a ser, por excelência, o instrumento balizador do acesso ao STF, atenuando-

[288] SARTÓRIO; JORGE, 2005, p. 185.

[289] STRECK, 2005, p. 132.

[290] Nesse sentido, Supremo Tribunal Federal. Segunda Turma. AI-AgR 413963/SC. Relator: Min. Celso de Mello. *DJ* 01 abr. 2005, p. 53.

[291] Supremo Tribunal Federal. Primeira Turma. RE 210638/SP. Relator: Min. Sepúlveda Pertence. *DJ* 19 jun. 1998, p.11. Para Araken de Assis, "Este entendimento revela-se errôneo. Caracterizada a omissão, é preciso prover os embargos declaratórios e, superado o indevido silêncio, decidir a questão olvidada. Pouco importará, naturalmente, o resultado formal do julgamento dos embargos. Às vezes, sucede de o órgão judiciário, rejeitando os embargos, apreciá-lo *de meritis*. Atende-se, assim, o imperativo do prequestionamento. Daí por que a ausência de prequestionamento não decorre da inércia de a parte interpor os embargos declaratórios, como sugere a frase interpolada da Súmula 356 ([...] *sobre o qual não foram opostos embargos declaratórios...*'), mas de outro dado singelo: a falta de decisão quanto à questão constitucional". (ASSIS, Araken de. Prequestionamento e embargos de declaração. *Revista Nacional de Direito e Jurisprudência*, Ribeirão Preto, v. 33, set. 2002, p. 26).

se o rigor quanto aos demais requisitos de admissibilidade.[292] Nesse sentido, já há, inclusive, Projeto de Lei tramitando na Câmara dos Deputados, originário de sugestão dos Ministros Gilmar Mendes e Cezar Peluso, do STF.[293] A proposta legislativa objetiva acrescentar ao art. 543-A, do CPC, o seguinte § 8º: "Quando recurso extraordinário tempestivo for inadmissível por causa formal que não repute grave, poderá o Supremo Tribunal Federal desconsiderá-la, se entender existente repercussão geral".

4.8. Publicidade e motivação

Como visto anteriormente, parte das mais fortes críticas formuladas ao instituto da argüição de relevância centravam-se na sua apreciação em sessão secreta e na ausência de motivação da decisão tomada. A repercussão geral não se sujeitará a tais objeções. Sua aferição deverá ser pública e a sua decisão, fundamentada.

A motivação dos pronunciamentos judiciais apenas alçou o patamar de garantia constitucional com a Carta de 1988. Conforme dispõe o seu art. 93, IX, os julgamentos dos órgãos do Poder Judiciário serão públicos, e fundamentadas as decisões. Antes, apenas a legislação ordinária encarregava-se do trato da matéria.[294] Sobre a elevação da garantia a preceito fundamental, válida a observação de Ada Pellegrini Grinover:

> Acolheu, assim, a Lei Maior, o entendimento doutrinário de que o problema da motivação se coloca no plano dos Direitos fundamentais, de ordem pública, avultando nela a idéia de garantia e controle extraprocessual, por servir como elemento para aferição, *in concreto*, da imparcialidade do Juiz e da legalidade da decisão, bem como da efetividade do contraditório e da observância do devido processo legal.[295]

---

[292] Destaca-se relevante precedente do STF no sentido da flexibilização do requisito do prequestionamento, em homenagem à jurisprudência já consagrada na Corte em relação ao assunto objeto do recurso extraordinário (Supremo Tribunal Federal. Segunda Turma, AI-AgR 375011/RS. Relatora: Min. Ellen Gracie. *DJ* 28 out. 2004, p. 43).

[293] Projeto de Lei nº 1.535/2007, de autoria do Deputado Federal Flávio Dino.

[294] Exemplos são as normas contidas nos arts. 131, 165 e 458, II, do CPC.

[295] GRINOVER, Ada Pellegrini. O controle do raciocínio judicial pelos tribunais superiores brasileiros. *Revista da Ajuris*, Porto Alegre, v. 50, p. 7-18, nov. 1990, p. 7-8.

Efetivamente, não se coaduna com o Estado Democrático de Direito o exercício de poder sem a possibilidade de controle. Como ressalta Michelle Taruffo, "Somente o poder absoluto pode ser arbitrário, e se recusa a qualquer controle; no Estado moderno, em vez, o poder que os juízes exercem deve submeter-se a controles, para não ser absoluto e arbitrário."[296]

Identificada, normalmente, com a limitação do âmbito de arbítrio do juiz,[297] a motivação das decisões judiciais permite não somente às partes, como também à coletividade, tomar ciência das razões pelas quais a decisão judicial foi proferida em determinado sentido.[298] Trata-se de importante elemento que visa a democratizar o exercício da função jurisdicional.[299] Assim anotam Antonio Carlos de Araújo Cintra, Ada Pellegrini Grinover e Cândido Rangel Dinamarco:

> Na linha de pensamento tradicional a motivação das decisões judiciais era vista como garantia das partes, com vistas à possibilidade de sua impugnação para efeito de reforma. Era só por isso que as leis processuais comumente asseguravam a necessidade de motivação (CPP, art. 381; CPC, art. 165 c/c art. 458; CLT, art. 832). Mais modernamente, foi sendo salientada a *função política* da motivação das decisões judiciais, cujos destinatários não são apenas as partes e o juiz competente para julgar eventual recurso, mas *quisquis de populo*, com a finalidade de aferir-se em concreto a imparcialidade do juiz e a legalidade e justiça das decisões.[300]

Dada a sua natureza de requisito de admissibilidade do recurso extraordinário, não se pode negar o caráter jurisdicional do exame da repercussão geral da questão constitucional. De qualquer sorte,

---

[296] TARUFFO, Legalidade e justificativa da criação judiciária do direito. *Revista da Esmape*, Recife, v. 6, n. 14, p. 431-456, jul./dez. 2001, p. 453.

[297] LIEBMANN, Enrico Tulio. Do arbítrio à razão. Reflexões sobre a motivação da sentença. *Revista de Processo*, São Paulo, v. 29, p. 79-81, jan./mar. 1983, p. 79.

[298] Na lição de José Maria Rosa Tesheiner, "O art. 93, IX, da Constituição estabelece que todas as decisões dos órgãos do Poder Judiciário devem ser fundamentadas. Significa isso que o juiz deve não só decidir racionalmente, mas também tornar público o seu raciocínio, submetendo-se, assim, à crítica da comunidade". (TESHEINER, José Maria Rosa. *Pressupostos processuais e nulidades no processo civil*. São Paulo: Saraiva, 2000, p. 212).

[299] Ovídio A. Baptista da Silva, referindo-se à exigência de que a fundamentação não seja apenas técnica, afirma: "Esta é uma condição imposta pela democracia, que se sustenta no pressuposto de que o Poder Judiciário não seja um poder hermético, à semelhança das organizações judiciárias primitivas, quando a revelação do direito era um misterioso segredo de sacerdotes". (SILVA, Ovídio A. Fundamentação das sentenças como garantia constitucional. *Revista Magister de Direito Civil e Processual Civil*, Porto Alegre, v. 10, p. 5-29, jan./fev. 2006b, p. 21.).

[300] CINTRA, Antonio Carlos de Araújo; GRINOVER, Ada Pellegrini; DINAMARCO, Cândido Rangel. *Teoria geral do processo*. 21. ed., rev. e atual. São Paulo: Malheiros, 2005, p. 70.

as garantias não se limitam às manifestações de índole jurisdicional. Por força do art. 93, X, da CF/88, as decisões administrativas dos tribunais deverão ser motivadas e tomadas em sessão pública. Dessa forma, mesmo aqueles que acreditam que a repercussão geral é *pronunciamento de caráter político*,[301] não podem defender a desnecessidade de sua fundamentação e de sua publicidade.[302]

O procedimento outrora adotado, quando da verificação da relevância da questão federal, vai, como visto, de encontro ao atual regramento constitucional. Aliás, trata-se, justamente, de avanço do novo mecanismo em relação ao pretérito. A consagração do princípio da publicidade dos atos processuais acarretou no banimento das sessões de Conselho, secretas, previstas no RISTF.[303]

Nada impede, no entanto, que a motivação acerca da configuração ou da ausência da repercussão geral seja sucinta.[304] Em verdade, é até mais provável que assim ocorra. Na hipótese, por exemplo, de se alegar violação à jurisprudência dominante ou sumulada, a fundamentação se restringirá a analisar se, realmente, a decisão impugnada ofende o entendimento do STF a respeito da matéria (o que também acabará por antecipar a resolução de mérito, se reconhecida a divergência). Nos casos de recursos múltiplos com idêntico fundamento, suficiente será a constatação do fenômeno da multiplicação.

De outra sorte, nos casos inéditos, a indicação dos vetores que o STF reputa necessários para a configuração da repercussão geral atenderá, com suficiência, à garantia constitucional e, paulatinamente, descortinará o posicionamento da Corte no tocante ao preenchimento valorativo do requisito. Ao tornar mais perceptível a linha adotada, oferecerá elementos que corroboram a idéia de não se tratar de decisão arbitrária.

Observe-se que o art. 325, parágrafo único, do RISTF, estabelece que o teor da decisão preliminar sobre a existência da repercussão geral deve integrar a decisão monocrática ou o acórdão e constará sempre das publicações dos julgamentos no Diário Oficial, com menção clara à matéria do recurso. Já o art. 543-A, § 7º, do CPC, esta-

---

[301] ARRUDA ALVIM, 2005, p. 64.

[302] Nesse mesmo sentido, DANTAS, 2008, p. 303.

[303] NERY JUNIOR, Nelson. *Princípios do processo civil na Constituição Federal*. 4. ed. rev., aum. e atual. São Paulo: Revista dos Tribunais, 1997, p. 163.

[304] Nesse sentido, SARTÓRIO; JORGE, 2005, p. 186.

belece que "A Súmula da decisão sobre a repercussão geral constará de ata, que será publicada no Diário Oficial e valerá como acórdão," o que tem por objetivo facilitar a tomada de decisões quanto ao requisito.[305]

Em atendimento ao comando inserto no art. 328 do RISTF,[306] têm sido disponibilizadas, na página virtual do Supremo Tribunal Federal, as decisões tomadas sobre a repercussão geral.[307] Também os Boletins Informativos do Tribunal, em seção específica, têm contribuído na divulgação dos pronunciamentos.

4.9. Procedimento de verificação consoante o RISTF

A Emenda Regimental nº 21, como já referido, alterou o Regimento Interno do STF, detalhando o procedimento de verificação da repercussão geral. Embora alguns pontos já tenham sido objeto de consideração, pois diretamente relacionados a tópicos anteriores, é fundamental analisar a sistemática trazida pelo referido ato, em especial naquilo que não o foi previamente.

Reitere-se, inicialmente, a possibilidade de o Presidente do STF rechaçar, antes de sorteado o relator, recurso extraordinário que não apresente preliminar formal e fundamentada sobre a repercussão geral da questão constitucional ou cuja repercussão já tenha sido recusada pelo STF, salvo se a tese houver sido revisada ou estiver em processo de revisão. Igual competência exercerá o relator sorteado, quando o recurso não tiver sido liminarmente recusado pela Presidência. A decisão, da Presidência ou do relator, desafia agravo.[308]

Não sendo o caso de inadmissibilidade por outro fundamento, o relator do recurso extraordinário submeterá, *por meio eletrônico*, aos demais ministros, cópia de sua manifestação sobre a existência,

---

305 ASSIS, C. A., 2007.

306 "Art. 329. A Presidência do Tribunal promoverá ampla e específica divulgação do teor das decisões sobre repercussão geral, bem como formação e atualização de banco eletrônico de dados a respeito".

307 Disponível em: <www.stf.gov.br/portal/jurisprudenciaRepercussaoGeral/listarServicos.asp.> Acesso em: 03 abril 2008.

308 RISTF, arts. 13, V, *a*; 317; e 327, *caput*, e §§ 1º e 2º.

ou não, de repercussão geral.[309] Após recebê-la, os demais ministros encaminhar-lhe-ão, também por meio eletrônico, no prazo comum de 20 (vinte) dias, manifestação sobre a questão da repercussão geral. Decorrido o prazo sem manifestações suficientes para recusa do recurso, reputar-se-á existente a repercussão geral. Vencida essa etapa, o relator juntará cópia das manifestações aos autos, quando não se tratar de processo informatizado, e, uma vez definida a existência da repercussão geral, julgará o recurso ou pedirá dia para seu julgamento, após vista ao Procurador-Geral, se necessária; negada a existência, formalizará e subscreverá decisão de recusa do recurso.[310] O procedimento não terá lugar nas hipóteses de presunção absoluta de repercussão geral (decisão contrária a súmula ou jurisprudência dominante do STF)[311] e de questão cuja repercussão já houver sido reconhecida pelo Tribunal.[312] Também na hipótese de jurisprudência negativa acerca da repercussão geral, dispensada estará a adoção do procedimento, uma vez que a Presidência ou o Relator, liminarmente, não conhecerão do recurso.[313]

Como se vê, o RISTF criou um incidente interno de verificação da repercussão geral, adotando o meio eletrônico como instrumento de comunicação. A comunicação eletrônica entre membros de órgão colegiado não chega a ser novidade em nosso direito. Atento à

[309] Humberto Theodoro Júnior sustenta que não haverá a necessidade, desde logo, de adoção do expediente previsto no art. 323, *caput*, se for o caso de manifestação do relator favorável ao reconhecimento da repercussão geral, caso em que o normal será a submissão do recurso ao julgamento da Turma, onde, atingido o *quorum* mínimo de quatro votos favoráveis ao acolhimento da preliminar, ficará dispensada a ouvida do Plenário, nos termos do art. 543-A, § 4º, do CPC. (THEODORO JÚNIOR, 2007, p. 21). Constata-se, no entanto, que o procedimento tem sido adotado também nos casos em que o relator se manifesta favoravelmente à existência da repercussão geral (*v.g.*, Supremo Tribunal Federal. RE 565089 RG/SP. Relator: Min. Marco Aurélio. *DJe*-018, divulg. 31 jan. 2008, public. 01 fev. 2008). Como já referido, intui-se a inaplicabilidade do art. 543-A, § 4º, do CPC.

[310] RISTF, arts. 323, *caput*; 324, *caput* e parágrafo único; e 325, *caput*.

[311] Nesse sentido, no STF, há decisão monocrática da Min. Cármen Lúcia, da qual extrai-se a seguinte passagem: "3. Em preliminar, é de se realçar que, apesar de ter sido o Recorrente intimado depois de 3.5.2007 e constar no recurso extraordinário capítulo destacado para a defesa da repercussão geral da questão constitucional, não é o caso de se iniciar o procedimento para a aferição da sua existência, pois, nos termos do art. 323, § 1º, do Regimento Interno do Supremo Tribunal Federal – com a redação determinada pela Emenda Regimental n. 21/2007 –, esta se presume 'quando o recurso [...] impugnar decisão contrária a súmula ou a jurisprudência dominante'. Esta é a situação dos autos, conforme se tem a seguir demonstrado. 4. A matéria foi objeto de julgados deste Supremo Tribunal, que concluiu pela prevalência da tese defendida pelo Recorrente". (Supremo Tribunal Federal. RE 568047/RS. *DJ* 13 nov. 2007, p. 147).

[312] RISTF, art. 323, § 1º.

[313] RISTF, art. 327, *caput* e § 1º.

realidade forense, Araken de Assis ressalta que o conteúdo de cada voto é conhecido, antes da sua emissão, pelos demais integrantes do órgão fracionário dos tribunais, sendo raras as improvisações. Nos tribunais informatizados, a minuta de voto consta da rede e por todos é previamente estudada. Na própria rede interna, os juízes manifestam assentimento ou expõem divergências.[314] Não obstante, há relevante distinção entre os sistemas. Enquanto que, nos casos tradicionais, o feito é levado a julgamento em sessão pública, na qual poderá haver alteração de entendimento dos julgadores, o procedimento de verificação da repercussão geral encerra, no âmbito do próprio incidente eletrônico, a discussão a respeito do requisito. A manifestação de cada ministro ingressa no mundo jurídico assim que disponibilizada no sistema eletrônico. Conforme declinado acima, o relator, uma vez reconhecida a existência da repercussão, julgará o processo monocraticamente ou o submeterá ao colegiado; sendo recusada, deverá subscrever a decisão de inadmissão do extraordinário.

O prazo de vinte dias não pode ser interpretado com a rigidez típica dos prazos próprios e peremptórios, mormente quando se observa que dirigido aos julgadores, não às partes.[315] Impõe-se, como necessidade do sistema, a prevalência de um juízo de ponderação, parcimonioso. Se é certo que, uma vez expirado sem manifestações suficientes, haverá juízo positivo de repercussão geral, também deve se tolerar, no caso de requerimento de algum dos julgadores,

---

[314] ASSIS, Araken de. Formação do julgamento colegiado nos tribunais. In: SALMEIRÃO, Antonio Marcos Guerreiro; BOCCHINO, Leslie de Oliveira (orgs.). *Temas atuais de direito público*. Curitiba: Editora UTFPR, 2007b, p. 197.

[315] "Prazos próprios são os fixados para o cumprimento do ato processual, cuja inobservância acarreta desvantagem para aquele que o descumpriu, conseqüência essa que normalmente é a preclusão". Já os prazos peremptórios são aqueles "que, de desatendidos, acarretam a preclusão, sendo inalteráveis e improrrogáveis por convenção das partes ou qualquer outro motivo". (NERY JUNIOR, Nelson; NERY, Rosa Maria de Andrade. *Código de Processo Civil e legislação extravagante*. 9. ed. rev. atual. e ampl. São Paulo: Revista dos Tribunais, 2006a, p. 385). Já os prazos dirigidos aos juízes são adjetivados de *impróprios*. Vicente Greco Filho assim os define: "Prazos impróprios são os instituídos para o juiz e auxiliares da justiça, os quais, se excedidos, podem gerar sanções, no processo ou fora dele, mas sem repercussão na situação das partes em face do processo". (GRECO FILHO, Vicente. *Direito processual civil brasileiro*. 13. ed. rev. São Paulo: Saraiva, 2000, v. 2, p. 22). Como se observa, o prazo previsto no art. 324, *caput*, do RISTF não se enquadra, puramente, em qualquer classificação: se, por um lado, é dirigido aos julgadores (o que o caracterizaria como impróprio), por outro, repercute na situação das partes, trazendo-lhes relevante conseqüência, qual seja, o reconhecimento da existência da repercussão geral.

sua dilação.[316] Não se coaduna com a reforma engendrada impor aos ministros a observância rígida do lapso temporal previsto. Apenas se previu, em consonância com a presunção relativa de repercussão geral que adjetiva as questões constitucionais, um limite, que, uma vez vencido, transmuda-a em absoluta. Agora, caso um dos magistrados necessite de um maior prazo para firmar o seu convencimento sobre a configuração do requisito, não é crível que não se lhe permita. Como adiantado, a consagração do mecanismo visa, justamente, a outorgar o tempo necessário para que uma questão possa ser suficientemente maturada. Não há razão para que, presente a necessidade de uma maior discussão ou mesmo investigação sobre determinado assunto, o sistema impeça tal oportunidade. O açodamento é de todo inoportuno.

A ausência de manifestação sobre a repercussão geral, como antecipado, implica na tomada de juízo positivo sobre o requisito. Não se vislumbra, na "decisão tácita", qualquer ofensa à garantia da fundamentação. Presumida a repercussão, o silêncio apenas reflete a ausência de elemento que possa infirmá-la.[317] No entanto, caso o recorrido apresente, em suas contra-razões, tese capaz de afastar a repercussão geral da questão constitucional discutida, surge o direito de ver suas alegações apreciadas, não sendo de se admitir a negativa implícita, por flagrante ausência de motivação. Eventual silêncio em torno do tema desafiará, oportunamente, a oposição de embargos declaratórios.[318]

Reconhecida a repercussão geral e publicada a decisão, preclusa estará a matéria. Assim, no julgamento do mérito do recurso extraordinário, não se permitirá ao Supremo que se desdiga do que dissera e considere ausente o requisito.[319]

---

[316] Imagine-se, por exemplo, um pedido de vista, para melhor exame da matéria.

[317] Nesse sentido, TALAMINI, 2007, p. 64-65.

[318] Consoante já decidiu o STF, "O exame do recurso extraordinário deve se fazer de forma completa, analisando-se os argumentos expendidos, especialmente no tocante às preliminares do recurso, nas contra-razões. Constatada a omissão, impõe-se o provimento dos declaratórios". (Supremo Tribunal Federal. Segunda Turma. RE-ED 145907/SP. Relator: Min. Marco Aurélio. *DJ* 08 mar. 1996, p. 6219).

[319] Nesse sentido, quanto ao juízo de procedência da argüição de relevância, BARBOSA MOREIRA, 1981, v. 5, p. 674.

4.9.1. *Garantias da publicidade e do contraditório*

Fornecidos seus aspectos gerais, cumpre, primeiramente, investigar se o procedimento respeita a garantia constitucional prevista no art. 93, IX.[320]

O princípio da publicidade não significa que o ato, enquanto se realiza, tenha de ser franqueado ao público. Fosse assim, as sentenças e as decisões interlocutórias, quando não proferidas em audiência, padeceriam de inconstitucionalidade. A publicidade *de ato passado*, na expressão utilizada por José Maria Rosa Tesheiner,[321] é tolerada como uma necessidade imposta pela realidade, uma vez que a realização de todos os atos processuais na presença do povo (publicidade *de ato presente*) acabaria por inviabilizar a prestação jurisdicional.

Note-se que o art. 93, IX, da CF/88, refere que "todos os julgamentos dos órgãos do Poder Judiciário serão *públicos*". Já o inciso X, do mesmo dispositivo, determina que as sessões administrativas dos tribunais serão tomadas em *sessão pública*. Quisesse o constituinte que todos os pronunciamentos do Poder Judiciário fossem tomados em sessão pública, fá-lo-ia de forma expressa, tal como o fez no tocante às decisões de índole administrativa. Não há que se falar, dessa forma, em violação à garantia da publicidade.

De outra sorte, nos julgamentos colegiados, não se desconhece a importância de as partes, por seus advogados, terem assegurada a manifestação oral, seja em sustentação na tribuna, nos casos em que a lei permite,[322] seja para suscitar questão de ordem.[323] Em não raras oportunidades, a manifestação oral do representante judicial das partes é fundamental para o desenlace do julgamento. A crítica, no ponto, é inevitável: ideal seria que, no procedimento previsto no

---

[320] "Art. 93. Lei complementar, de iniciativa do Supremo Tribunal Federal, disporá sobre o Estatuto da Magistratura, observados os seguintes princípios: [...]. IX – todos os julgamentos dos órgãos do Poder Judiciário serão públicos, e fundamentadas todas as decisões, sob pena de nulidade, podendo a lei limitar a presença, em determinados atos, às próprias partes e a seus advogados, ou somente a estes, em casos nos quais a preservação do direito à intimidade do interessado no sigilo não prejudique o interesse público à informação".

[321] TESHEINER, José Maria Rosa. *Elementos para uma teoria geral do processo.* São Paulo: Saraiva, 1993, p. 46.

[322] CPC, art. 554.

[323] Lei nº 8.906/94, art. 7º, X.

RISTF, em especial considerando a projeção que terão os futuros julgamentos do Supremo, estivesse garantida a manifestação oral.

No entanto, certamente visando a evitar que o sistema se tornasse contraproducente, assim não se previu. Terão as partes, contudo, a possibilidade de distribuir memoriais e de suscitar, por escrito, questão de ordem, dentro do prazo de vinte dias, previsto para as manifestações.[324] Durante esse prazo, é plenamente possível que os ministros, ao tomar ciência dos argumentos das partes e das razões de seus pares, reconsiderem sua manifestação inicial, uma vez que não encerrada a análise acerca da presença do requisito. Aflora, aqui, a importância do julgamento colegiado, do qual não se pode prescindir, mesmo que observada a sistemática eletrônica.

Essencial, ademais, atentar à necessidade de diálogo entre o juiz (no caso, o STF) e as partes. No direito alemão, o denominado *princípio da cooperação*, faceta da garantia do contraditório, encontra-se expresso no § 139 da *ZPO*. Como ressalta Cássio Scarpinella Bueno:

> [...] se o magistrado entende dar ao caso uma solução que, até aquele instante procedimental, não foi objeto de específica consideração, exame e reflexão pelas partes, elas têm o direito de, cientes de qual análise o juiz pretende fazer, sobre ela se manifestar *anteriormente*, de forma a influenciar agudamente na convicção derradeira do juiz.[325]

Dessa forma, a fim de preservar o contraditório, cada manifestação sobre a repercussão geral, tão logo emitida, deverá ser disponibilizada aos interessados. Diante da ausência de vinculação do Supremo aos fatos aportados pelas partes na investigação da repercussão geral (causa de pedir aberta), especial importância assume o referido princípio. Fundamental, na concretização de conceitos jurídicos indeterminados, o trabalho conjunto de todos os sujeitos do processo. Em uma sociedade que se apresenta cada vez mais complexa e em constante mutação, revela-se inadequada a investigação solitária do órgão judicial. A adoção do método dialético, como demonstra Carlos Alberto Alvaro de Oliveira, amplia o quadro de análise, constrange à comparação, atenua o perigo de opi-

---

[324] TALAMINI, 2007, p. 65-66,

[325] BUENO, Cássio Scarpinella. Amicus curiae *no direito brasileiro:* um estranho enigmático. São Paulo: Saraiva, 2006, p. 55.

niões preconcebidas e favorece a formação de um juízo mais aberto e ponderado.[326]

Não merece reparos a avaliação de Eduardo Talamini, quando responde à indagação sobre a constitucionalidade do processamento eletrônico:

> Ponderando-se os valores contrapostos (razoabilidade e celeridade do procedimento *versus* plenitude do contraditório, compreendido inclusive como debate do juiz com as partes), a resposta é positiva, desde que se confira plena publicidade a cada passo do processamento eletrônico. Assim que emitida a manifestação do relator, haverá de constar a informação desse fato no relatório eletrônico do andamento do recurso, bem como deverá estar disponível cópia do pronunciamento. Depois, cada uma das manifestações enviadas pelos outros ministros haverá de ser igualmente informada, disponibilizando-se seu inteiro teor. Em outras palavras, o processamento *eletrônico* do incidente relativo à aferição da repercussão geral não pode absolutamente significar *secreto*. Se isso ocorrer, tal procedimento será inconstitucional – não por desenvolver-se eletronicamente, mas por carecer de publicidade (CF, art. 93, IX).[327]

Como se vê, os dispositivos que regulamentam a aferição da repercussão geral por meio eletrônico não elidem as garantias do cidadão no processo, inclusive a do contraditório. Sabe-se que os direitos e as garantias fundamentais não possuem caráter absoluto.[328] Ainda que possa haver, aqui e ali, alguma mitigação, não se vislumbra agressão ao núcleo essencial do referido direito fundamental processual.[329] Não poderia se furtar, o Estado, de oferecer e consagrar os meios necessários para o adequado acesso ao Supremo, sob pena de tornar ineficaz a mudança de paradigma proposta pela EC 45/04. É possível, como visto, harmonizar os diferentes princípios, de forma a assegurar sua aplicação coexistente.[330] Assim, ao tempo em que o sistema se mantém eficaz, as partes têm garantidas a possibilidade de influenciar e de acompanhar a aferição da repercussão geral.

---

[326] OLIVEIRA, Carlos Alberto Alvaro de. Poderes do juiz e visão cooperativa do processo. *Revista da Ajuris*, Porto Alegre, v. 90, p. 55-84, jun. 2003, p. 64.

[327] TALAMINI, 2007, p. 65.

[328] Nesse sentido, *v.g.*, Supremo Tribunal Federal. Tribunal Pleno. MS 23452/RJ. Relator: Min. Celso de Mello. *DJ* 12 maio 2000, p. 20.

[329] Consoante já decidiu o STF, "as limitações materiais ao poder constituinte de reforma, que o art. 60, § 4º, da Lei Fundamental enumera, não significam a intangibilidade literal da respectiva disciplina na Constituição originária, mas apenas a proteção do núcleo essencial dos princípios e institutos cuja preservação nelas se protege". (Supremo Tribunal Federal. Tribunal Pleno. ADI 2024/DF. Relator: Min. Sepúlveda Pertence. *DJ* 22 jun. 2007, p. 16).

[330] CANOTILHO, 2003, p. 1241.

4.10. Multiplicidade de recursos com fundamento em idêntica controvérsia

Com o claro objetivo de imprimir maior racionalidade e efetividade ao sistema processual, e em plena sintonia, mais uma vez, com o comando constitucional externado no art. 5º, LXXVIII, o legislador, no art. 543-B do CPC, ocupou-se das hipóteses em que presentes inúmeros recursos extraordinários fundados em idêntica controvérsia. Trata-se, sem dúvida, do meio mais efetivo trazido pela Lei nº 11.418/06 no sentido de combater a sobrecarga enfrentada pelo Pretório Excelso.[331]

Há que se ter em conta que a maior parte dos feitos submetidos ao Supremo Tribunal Federal tem, em um dos pólos processuais, entes da Administração Pública (direta ou indireta) ou grandes grupos empresariais, como empresas de telefonia e instituições bancárias.[332] Subjacentes a tais processos, normalmente, encontram-se temas repetidos. Por força do novo regime, poderá o Supremo decidir por apenas uma vez a questão constitucional que se repete. Um pronunciamento definitivo, em tais casos, além de reduzir a insegurança jurídica e prestigiar o princípio da isonomia, contribui significativamente para desafogar o Poder Judiciário.[333]

O art. 543-B, do CPC, em seu *caput*, remeteu ao Regimento Interno do Supremo Tribunal Federal a regulamentação do processa-

---

[331] "Ressalvando-se a competência para aferição da relevância do extraordinário, com exclusividade, ao próprio STF, é fácil concluir que a sistemática da repercussão geral, disciplinada pela Lei nº 11.418/06, de reduzir o excessivo e intolerável volume de recursos a cargo do STF, não teve como objeto principal e imediato os extraordinários manejados de maneira isolada por um ou outro litigante. O que se ataca, de maneira frontal, são as causas seriadas ou a constante repetição das mesmas questões em sucessivos processos, que levam à Suprema Corte milhares de recursos substancialmente iguais, o que é muito freqüente, *v.g.*, em temas de direito público, como os pertinentes ao sistema tributário e previdenciário, e ao funcionalismo público. A exigência de repercussão geral em processos isolados, e não repetidos em causas similares, na verdade, não reduz o número de processos no STF, porque, de uma forma ou de outra, teria aquela corte de enfrentar todos os recursos para decidir sobre a ausência do novo requisito de conhecimento do extraordinário". (THEODORO JÚNIOR, 2007, p. 23).

[332] Nesse sentido, dados fornecidos pela Assessoria de Gestão Estratégica do Supremo Tribunal Federal. No ano de 2006, por exemplo, o Instituto Nacional do Seguro Social e a União foram responsáveis pelo percentual de 45,33% dos recursos extraordinários e agravos de instrumento protocolados.

[333] O procedimento previsto, como se verá, contribuirá não somente para o desafogamento do STF, como também imprimirá dinâmica mais racional ao processamento dos recursos nos tribunais de origem.

mento de verificação da repercussão geral. Nos parágrafos, traçou as linhas gerais e dispôs sobre os efeitos da aferição.[334] Vejamos o procedimento, denominado por José Carlos Barbosa Moreira de "recursos extraordinários por amostragem",[335] bem como as conseqüências decorrentes da análise.

4.10.1. *Procedimento na instância* a quo

Interposto recurso extraordinário que envolva matéria não repetitiva, o órgão *a quo* adotará as providências de praxe, verificando normalmente a sua admissibilidade.[336] Tratando-se, por outro lado, de processo repetitivo, deverá selecionar recursos que representam a controvérsia e que atendam aos requisitos de admissibilidade, encaminhando-os ao STF. Os demais recursos múltiplos ficarão sobrestados, inclusive aqueles que vierem a ser interpostos em momento posterior à seleção. Também os agravos de instrumento contra decisões que não tenham admitido os recursos extraordinários já sujeitos ao requisito legal da repercussão geral sujeitar-se-ão ao sobrestamento.[337] A adoção das providências referidas no art. 543-B do CPC pode decorrer, igualmente, de comunicação advinda do Presidente do STF ou do relator de recurso extraordinário distribuído, consoante prescreve o art. 328, *caput* do RISTF.[338]

---

[334] "Art. 543-B. Quando houver multiplicidade de recursos com fundamento em idêntica controvérsia, a análise da repercussão geral será processada nos termos do Regimento Interno do Supremo Tribunal Federal, observado o disposto neste artigo. § 1º Caberá ao Tribunal de origem selecionar um ou mais recursos representativos da controvérsia e encaminhá-los ao Supremo Tribunal Federal, sobrestando os demais até o pronunciamento definitivo da Corte. § 2º Negada a existência de repercussão geral, os recursos sobrestados considerar-se-ão automaticamente não admitidos. § 3º Julgado o mérito do recurso extraordinário, os recursos sobrestados serão apreciados pelos Tribunais, Turmas de Uniformização ou Turmas Recursais, que poderão declará-los prejudicados ou retratar-se. § 4º Mantida a decisão e admitido o recurso, poderá o Supremo Tribunal Federal, nos termos do Regimento Interno, cassar ou reformar, liminarménte, o acórdão contrário à orientação firmada. § 5º O Regimento Interno do Supremo Tribunal Federal disporá sobre as atribuições dos Ministros, das Turmas e de outros órgãos, na análise da repercussão geral."

[335] BARBOSA MOREIRA, 2008, v. 5, p. 619.

[336] "Art. 542. Recebida a petição pela secretaria do tribunal, será intimado o recorrido, abrindo-se-lhe vista, para apresentar contra-razões. § 1º Findo esse prazo, serão os autos conclusos para admissão ou não do recurso, no prazo de 15 (quinze) dias, em decisão fundamentada."

[337] A partir da nova sistemática, mitiga-se, portanto, o teor da Súmula nº 727 do STF, citada anteriormente.

[338] "Art. 328. Protocolado ou distribuído recurso cuja questão for suscetível de reproduzir-se em múltiplos feitos, a Presidência do Tribunal ou o(a) Relator(a), de ofício ou a requerimento

Na seleção dos recursos, as amostras enviadas ao STF devem revelar, de forma plena, a controvérsia que se busca dirimir. Recomenda-se que a seleção seja realizada de modo prudente, não de forma a persuadir o Supremo a chancelar a tese albergada na instância *a quo*, quiçá com o envio de uma peça tecnicamente frágil, mas sim de espelhar, do modo mais amplo possível, o cerne do problema constitucional. Igualmente, devem ser enviados tantos recursos quantos sejam necessários para a compreensão da questão.[339]

Luiz Guilherme Marinoni e Daniel Mitidiero, preocupados com a adequada apresentação da controvérsia, sustentam que a escolha seja a mais dialogada possível. Propõem, inclusive, que os tribunais ouçam as entidades representativas de classe, talvez em sessão pública.[340] Temos, no entanto, que a possibilidade de intervenção do *amicus curiae*[341], já no âmbito do Supremo, cumpre a função de pluralizar o debate e fornecer importantes elementos para a decisão. Não onera excessivamente, ademais, as instâncias inferiores, as quais, a partir da restrição ao acesso ao STF, repita-se, tiveram prestígio e responsabilidade aumentados – vez que, freqüentemente, serão as responsáveis pela resolução final.

No caso de indevido sobrestamento, decorrente da ausência de similitude entre as questões, a legislação não ofereceu remédio específico. Não obstante, a parte supostamente prejudicada não resta desamparada. Recorrendo-se a uma interpretação sistemática, busca-se, por similitude, a solução encontrada para os casos de retenção do recurso extraordinário, prevista no art. 542, § 3º, do CPC.[342] Em tal hipótese, a jurisprudência já admitiu o emprego de medi-

da parte interessada, comunicará o fato aos tribunais ou turmas de juizado especial, a fim de que observem o disposto no art. 543-B do Código de Processo Civil, podendo pedir-lhes informações, que deverão ser prestadas em 5 (cinco) dias, e sobrestar todas as demais causas com questão idêntica".

339 Estudo do Gabinete de Assuntos Institucionais do Supremo Tribunal Federal, denominado *Repercussão geral no recurso extraordinário*, indica que em torno de três processos representativos devem ser remetidos à Corte, o que, embora deva servir como parâmetro de razoabilidade, não pode impedir, se necessário, a remessa de quantitativo maior. Disponível em <http://www.stf.gov.br/portal/jurisprudenciaRepercussaoGeral/arquivo/estudoRepercussaoGeral.pdf> Acesso em: 15 abril 2008.

340 MARINONI; MITIDIERO, 2007, p. 60.

341 CPC, art. 543-A, § 6º.

342 Nesse sentido, TALAMINI, 2007, p. 60-61.

da cautelar,[343] de reclamação,[344] de agravo de instrumento[345] e até de simples petição.[346] Diante da ausência de posição definitiva sobre a via adequada, o STF tem reconhecido a incidência do princípio da fungibilidade.[347] Idêntico raciocínio aplica-se ao indevido sobrestamento. Preferível a adoção de uma exegese mais liberal, evitando que a indefinição sobre o remédio cabível prejudique a irresignação do recorrente.

Negada pelo STF a existência de repercussão geral da questão constitucional, os demais recursos que envolvam matéria idêntica considerar-se-ão automaticamente não admitidos (CPC, art. 543-B, § 2º). O que existe, na verdade, é uma vinculação obrigatória à decisão tomada pelo Supremo. Esse, o sentido da expressão "automaticamente". Deverá o órgão responsável pelo primeiro juízo de admissibilidade (Presidência ou Vice-Presidência), em decisão fundamentada e sujeita a agravo,[348] declarar a inadmissibilidade do recurso extraordinário. Há, sempre, que se verificar a estrita identidade entre a decisão paradigma e a matéria posta no recurso extraordinário, permitindo-se à parte demonstrar que o caso dos autos difere da hipótese versada no precedente firmado.[349]

Reconhecida a repercussão geral, aguarda-se o julgamento de mérito do recurso extraordinário. Após a decisão de fundo, os recursos sobrestados serão apreciados pelos Tribunais, Turmas de Uniformização ou Turmas Recursais, que poderão (a) declará-los

[343] *V.g.*, Supremo Tribunal Federal. Primeira Turma. Pet-QO 3515/MS. Relator: Min. Sepúlveda Pertence. *DJ* 21 out. 2005, p. 27.

[344] *V.g.*, Supremo Tribunal Federal. Primeira Turma. Rcl-AgR 3268/SP. Relator: Min. Cezar Peluso. *DJ* 09 jun. 2006, p. 12. No sentido do descabimento da reclamação, Supremo Tribunal Federal. Tribunal Pleno. Rcl-AgR 3800/PR. Relator: Min. Ellen Gracie. *DJ* 09 jun. 2006, p. 4.

[345] *V.g.*, Supremo Tribunal Federal. Segunda Turma AI-AgR 502333/SP. Relator: Min. Cezar Peluso. *DJ* 11 out. 2007, p. 42.

[346] *V.g.*, Supremo Tribunal Federal. Primeira Turma. Pet-QO 3515/MS. Relator: Min. Sepúlveda Pertence. *DJ* 21 out. 2005, p. 27. No sentido do descabimento de simples petição, Supremo Tribunal Federal. Pet 3253/SP. Relator: Min. Sepúlveda Pertence. *DJ* 09 dez. 2004, p. 19 (decisão monocrática).

[347] *V.g.*, Supremo Tribunal Federal. Primeira Turma. AI-AgR 492751/SP. Relator: Min. Cezar Peluso. *DJ* 07 abr. 2006, p. 22; Supremo Tribunal Federal. Primeira Turma. Pet-MC 3284/SP. Relator: Min. Carlos Britto. *DJ* 10 jun. 2005, p. 51.

[348] CPC, art. 544.

[349] Nesse sentido, MARTINS, 2007, p. 109.

prejudicados, se a sua decisão estiver conforme o julgamento do STF, ou (b) retratar-se, caso divergente.[350]

Observe-se que o legislador distinguiu duas classes de recursos: os inadmissíveis (CPC, art. 543-B, § 2º) e os prejudicados (CPC, art. 543-B, § 3º). Dá-se a inadmissibilidade dos recursos sobrestados quando o STF reputar ausente a repercussão geral da questão constitucional. A resolução, portanto, fica condicionada à decisão tomada no âmbito do juízo de admissibilidade. Quando houver pronunciamento do STF quanto ao mérito, no mesmo sentido da decisão impugnada, os recursos sobrestados serão considerados prejudicados. Na lição de Araken de Assis, "Considera-se prejudicado o recurso nos casos em que o interesse recursal desapareceu supervenientemente à interposição".[351] Sendo o interesse recursal pressuposto de admissibilidade, correto afirmar que, no caso, a prejudicialidade é hipótese de inadmissibilidade condicionada por razões de mérito[352] – o que, diga-se de passagem, é admitido pelo STJ quanto à admissibilidade do recurso especial.[353] Faltaria utilidade a recurso extraordinário fadado ao desprovimento, ou seja, o recorrente não poderia

[350] CPC, art. 543-B, § 3º. Trata-se de norma que excepciona a regra prevista no art. 463 do Código. Nesse sentido, ARAÚJO, José Henrique Mouta. A eficácia da decisão envolvendo a repercussão geral e os novos poderes dos relatores e dos tribunais locais. *Revista de Processo*, São Paulo, v. 152, p. 181-194, out. 2007a, p. 193.

[351] ASSIS, A., 2007c, p. 272.

[352] Trata-se de hipótese de inadmissibilidade condicionada por razões de mérito, que se assemelha à negativa de seguimento por aplicação da Súmula 83 do STJ ("Não se conhece do recurso especial pela divergência, quando a orientação do tribunal se firmou no mesmo sentido da decisão recorrida"). Com efeito, quando há orientação firmada dos tribunais superiores sobre a matéria tratada no recurso, usualmente o órgão *a quo* não admite os recursos extremos com fulcro no referido verbete. Embora o enunciado se refira à divergência, o que indica se tratar da hipótese prevista no art. 105, III, *c*, da CF/88, tem sido utilizado, largamente, também para os casos em que se interpõe o recurso especial alegando violação à lei (CF/88, art. 105, III, *a*), assim como para o recurso extraordinário, que não tem a divergência com uma das suas hipóteses de cabimento. A despeito de eventual imprecisão científica, vincular a admissibilidade a anterior juízo de mérito sobre a questão é tendência que se observa em nosso ordenamento, como indica, por exemplo, o art. 518, § 1º, do CPC, acrescentado pela Lei nº 11.276/06 ("O juiz não receberá o recurso de apelação quando a sentença estiver em conformidade com súmula do Superior Tribunal de Justiça ou do Supremo Tribunal Federal.").

[353] "[...] Cabe à Corte Estadual efetuar o juízo prévio de admissibilidade do recurso especial, revelando-se possível que examine o mérito do pedido, conforme reiterada jurisprudência do Superior Tribunal de Justiça, não sendo de falar em usurpação de competência. [...]." (Superior Tribunal de Justiça. Terceira Seção. AgRg na Rcl 1479/AL. Relator: Min. Paulo Gallotti. *DJ* 19 dez. 2007, p. 1139). No âmbito legal, o art. 518, § 1º, do CPC, acrescentado pela Lei nº 11.276/06, assim estabelece: "O juiz não receberá o recurso de apelação quando a sentença estiver em conformidade com súmula do Superior Tribunal de Justiça ou do Supremo Tribunal Federal."

esperar uma situação mais vantajosa do que a advinda da decisão recorrida.[354]

Divergindo a decisão impugnada do entendimento firmado pelo STF, há que se proceder, inicialmente, à verificação da admissibilidade do recurso extraordinário. Evita-se, dessa forma, indevida vantagem processual ao recorrente.[355] Positivo o juízo de admissibilidade, encaminham-se os autos ao órgão fracionário do tribunal *a quo*, para juízo de retratação. Competente para o novo julgamento, portanto, será o órgão que proferiu a decisão que desafiou o recurso extraordinário. Abre-se, aqui, a possibilidade de a origem se ajustar ao entendimento firmado pelo STF. Não há, no entanto, vinculação obrigatória. Assim, se mantida a decisão e ascendendo o recurso extraordinário, poderá o Supremo Tribunal Federal, nos termos do Regimento Interno, cassar ou reformar, liminarmente, o acórdão contrário à sua orientação.[356]

Ter-se-á, com a nova apreciação realizada na instância *a quo* (e havendo alteração no julgamento), decisão sujeita a novo recurso. O processo retorna e o procedimento segue o seu curso normal. No caso, por exemplo, de haver, na nova decisão, reforma da sentença de mérito por maioria, cabíveis serão os embargos infringentes.[357] O que se deve frisar é que não há irrecorribilidade em face do juízo de retratação, que poderá gerar, inclusive, novo recurso extraordinário. O efeito dissuasório, contudo, deverá ser grande. Na prática, as hipóteses de recurso deverão ficar restritas à ausência de identidade com a questão julgada pelo STF. Agiria bem o legislador, diga-se de passagem, se houvesse previsto a aplicação de multa pela interposição de recurso manifestamente inadmissível ou infudado, a exemplo daquela estipulada no art. 557, § 2°, do CPC.

Os agravos sobrestados seguem sistemática similar. Negada a repercussão geral, ficam prejudicados.[358] Admitida a repercussão geral e julgado o mérito do recurso extraordinário paradigma, ficam também prejudicados quando a decisão estiver em conformidade

---

[354] JORGE, 2007, p. 100-101.

[355] Uma vez que seu recurso extraordinário poderia carecer das condições de admissibilidade, como a tempestividade, por exemplo.

[356] CPC, art. 543-B, § 4°.

[357] CPC, art. 530.

[358] RISTF, art. 328-A, § 1°.

com o pronunciamento do STF. Caso haja divergência, não havendo retratação da decisão de inadmissibilidade nos agravos, deve haver sua remessa ao STF,[359] uma vez que a manutenção da decisão denegatória de admissibilidade impede o exame do recurso extraordinário. De outra sorte, caso haja retratação no agravo, admitindo-se o recurso extraordinário, esse será remetido ao órgão competente, nos termos do art. 543-B do CPC. Já os agravos de instrumento pendentes no STF, serão por este julgados.[360]

4.10.2. Procedimento na instância ad quem

O Presidente do STF ou o relator do recurso extraordinário, quando constatar a possibilidade de o recurso protocolado ou distribuído reproduzir-se em inúmeros feitos, comunicará o órgão *a quo*, para que observe o disposto no art. 543-B do CPC. A providência pode ser adotada de ofício ou em decorrência de requerimento da parte interessada. Será possível, inclusive, solicitar informações ao tribunal de origem, que as deverá prestar em cinco dias.[361]

De outra sorte, quando já se encontrarem, no âmbito do STF, múltiplos recursos envolvendo questão idêntica, o Presidente da Corte, pela Secretaria Judiciária, procederá à seleção e devolverá à origem os demais recursos, que nem mais serão distribuídos.[362] Já os demais ministros, submeterão um único recurso de cada matéria ao Plenário Virtual, para a análise da repercussão geral da questão constitucional, devolvendo os demais, inclusive os agravos, aos órgãos dos quais provenientes, para que adotem as providências previstas nos parágrafos do art. 543-B do CPC.[363]

Consoante o art. 326 do RISTF, tomada a decisão sobre a repercussão geral, e valendo para todos os recursos sobre questão idênti-

---

359 RISTF, art. 328-A, § 2º.

360 Assim, dispõe o art. 2º da Emenda Regimental nº 23, de 11 de março de 2008.

361 RISTF, art. 328, *caput*.

362 A Presidência do Supremo Tribunal Federal editou, em 26 de novembro de 2007, a Portaria nº 177, que, em seu art. 1º, determina à Secretaria Judiciária que devolva aos Tribunais, Turmas Recursais ou Turma Nacional de Uniformização dos Juizados Especiais os processos múltiplos ainda não distribuídos relativos a matérias submetidas a análise de repercussão geral pelo STF, bem como aqueles em que os(as) Ministros(as) tenham determinado sobrestamento e/ou devolução.

363 RISTF, art. 328, parágrafo único.

ca, o relator deverá comunicar à Presidência do STF, para que sejam adotadas as providências previstas no art. 327 do RISTF, bem como divulgado o seu teor, inclusive com a atualização do banco eletrônico existente.[364]

Relativamente às matérias com jurisprudência dominante na Corte, o Supremo Tribunal Federal definiu procedimento próprio para análise da repercussão geral e implantação dos correspondentes efeitos. Conforme restou assentado, as matérias já enfrentadas pelo Plenário, antes da distribuição dos respectivos recursos, serão novamente trazidas pela Presidência, em questão de ordem, para que se afirme, de forma objetiva e para cada uma delas, a aplicabilidade da repercussão geral, sempre que presente a relevância sob os aspectos legais, bem como para que se examine se permanece dominante a jurisprudência sobre o tema.[365] Uma vez constatada a

---

[364] Assim dispõem os referidos dispositivos: "Art. 326. Toda decisão de inexistência de repercussão geral é irrecorrível e, valendo para todos os recursos sobre questão idêntica, deve ser comunicada, pelo(a) Relator(a), à Presidência do Tribunal, para os fins do artigo subseqüente e do artigo 329"; "Art. 327. A Presidência do Tribunal recusará recursos que não apresentem preliminar formal e fundamentada de repercussão geral, bem como aqueles cuja matéria carecer de repercussão geral, segundo precedente do Tribunal, salvo se a tese tiver sido revista ou estiver em procedimento de revisão"; "Art. 329. A Presidência do Tribunal promoverá ampla e específica divulgação do teor das decisões sobre repercussão geral, bem como formação e atualização de banco eletrônico de dados a respeito".

[365] Confira-se, a respeito, o que foi divulgado no Boletim Informativo do STF nº 510: "A Min. Ellen Gracie afirmou que a existência ou não de repercussão geral seria decorrência direta da relevância social, política, jurídica ou econômica da questão constitucional suscitada no apelo extremo, que não poderia ser afastada pelo fato de já ter sido o assunto enfrentado em sucessivos julgados anteriores da Corte, fosse a decisão de origem contrária ao entendimento do Supremo ou consentânea com ele, haja vista que a existência de julgados em outros processos, indicando se tratar de matéria que ultrapassa os interesses subjetivos da causa, afirmaria a repercussão geral. Por isso, os recursos extraordinários contrários à jurisprudência da Corte não mereceriam seguimento, não por ausência de repercussão geral, mas por contrariarem a jurisprudência, caracterizando-se como manifestamente improcedentes (CPC, art. 557). Em suma, entendeu adequado que para as questões constitucionais já decididas pelo Plenário fossem atribuídos os efeitos da repercussão geral reconhecida, devendo os recursos extraordinários, com tema correspondente que, doravante, vierem ao STF, ser devolvidos à origem, para os procedimentos aqui autorizados, como já acontece com aqueles cujos temas são levados ao Plenário Virtual. Propôs, também, que matérias já enfrentadas pelo Pleno fossem trazidas pela Presidência, antes da distribuição, em questão de ordem, para que se afirme de forma objetiva, e para cada uma, a aplicabilidade da repercussão geral, sempre que presente a relevância sob os aspectos legais, e para que se examine se permanece dominante a jurisprudência sobre o tema. O Min. Marco Aurélio não aderiu a essa proposta, ao fundamento de que o processo não deveria ser apresentado em questão de ordem, pelo Presidente, mas pautado, pelo relator, após a distribuição; e de que também não se poderia fazer retroagir a legislação alusiva à repercussão geral a ponto de assentar que poderia haver a modificação do que decidido pelas próprias cortes de origem nos recursos anteriores à vigência do instituto. Asseverou que isso somente se aplicaria aos recursos interpostos após a regulamentação da repercussão geral. Relativamente ao recurso extraordinário analisado, o Tribunal concluiu pela existência da re-

repercussão geral e reafirmado o entendimento sobre o mérito da questão, não haverá distribuição no âmbito do STF e também se procederá à devolução à origem dos demais recursos que versem sobre a mesma matéria, para adoção do novo regime de julgamento dos recursos extraordinários e agravos, previsto no art. 543-B do CPC.[366]

4.11. *Amicus curiae*

Entre nós, a origem da figura do *amicus curiae* repousa no art. 31 da Lei nº 6.385/76, que passou a permitir a intervenção da Comissão de Valores Mobiliários (CVM), autarquia federal, em processos de caráter individual, nos quais fossem apreciadas questões de direito societário sujeitas à sua competência no plano administrativo.[367] A partir da Lei nº 9.868/99, que regula o processo e o julgamento da ação direta de inconstitucionalidade e da ação direta de constitucionalidade junto ao Supremo Tribunal Federal, expandiu-se o instituto, tornando-se mais familiar ao nosso ordenamento. O referido

---

percussão geral, entendeu que há necessidade de análise aprofundada pelo Plenário sobre a possibilidade de incidência de juros de mora no período entre a conta de liquidação e a da expedição do requisitório, para fins de precatório complementar, já que, quanto ao tema, não ficou patente a existência de jurisprudência dominante. Em conseqüência, determinou-se a distribuição normal do recurso extraordinário, a fim de permitir o exame da matéria. Nesse ponto, a Min. Ellen Gracie, relatora, reajustou seu voto. RE 579431 QO/RS, rel. Min. Ellen Gracie, 11.6.2008. (RE-579431)".

[366] Nesse sentido, notícia constante do acima citado Boletim Informativo nº 510, do STF: "Em conclusão, o Tribunal acolheu questão de ordem, suscitada pela Min. Ellen Gracie, para assentar procedimento próprio para análise da repercussão geral e implantação dos correspondentes efeitos, relativamente às matérias com jurisprudência dominante na Corte, e para negar a distribuição de recurso extraordinário interposto contra acórdão da 5ª Turma Recursal, dos Juizados Especiais Estaduais da Bahia, que reconhecera a auto-aplicabilidade do art. 192, § 3º, da CF, na redação vigente anteriormente à EC 40/2003, firmando orientação no sentido de que a Constituição não limitou a 12% ao ano os juros no âmbito do Sistema Financeiro Nacional – v. Informativo 502. Considerou-se a existência de jurisprudência pacificada e do Enunciado da Súmula 648 do STF em posição contrária à do acórdão recorrido. QO resolvida no sentido de negar a distribuição do RE, por envolver questão em que constatada a repercussão geral, bem como de todos os demais recursos que versem essa mesma matéria, com devolução dos autos à origem, para adoção do novo regime de julgamento dos recursos extraordinários e agravos, previsto no art. 543-B, do CPC. Vencido, na questão, o Min. Marco Aurélio. RE 582650 QO/BA, rel. Min. Ellen Gracie, 11.6.2008. (RE-582650)".

[367] CARNEIRO, Athos Gusmão. Da intervenção da União Federal, como *amicus curiae*. Ilegitimidade para, nesta condição, requerer a suspensão dos efeitos de decisão jurisdicional. Leis 8.437/92, art. 4º, e 9.469/97, art. 5º. *Revista de Processo*, São Paulo, v. 111, p. 243-258, jul./set. 2003, p. 252.

diploma, embora vede a intervenção de terceiros no seu art. 7º, permitiu, no § 2º do mesmo dispositivo, que o relator, considerando a relevância da matéria e a representatividade dos postulantes, admita a manifestação de outros órgãos ou entidades nos autos da ação direta de inconstitucionalidade. Seguindo essa linha, no processamento de recurso extraordinário interposto em face de decisão dos Juizados Especiais Federais – de flagrante semelhança com o sistema adotado no art. 543-B do CPC –, o art. 321, III, § 5º, do RISTF, permitiu a manifestação de interessados. Recentemente, a regulamentação infraconstitucional do instituto da súmula vinculante, também inserido na Constituição Federal pela Emenda Constitucional 45/04, autorizou a manifestação de terceiros.[368]

A regulamentação infraconstitucional da repercussão geral, em norma específica, admitiu a intervenção do *amicus curiae*. Conforme o art. 543-A, § 6º, do CPC, "O Relator poderá admitir, na análise da repercussão geral, a manifestação de terceiros, subscrita por procurador habilitado, nos termos do Regimento Interno do Supremo Tribunal Federal". De acordo com o art. 323, § 2º, do RISTF, "Mediante decisão irrecorrível, poderá o(a) Relator(a) admitir de ofício ou a requerimento, em prazo que fixar, a manifestação de terceiros, subscrita por procurador habilitado, sobre a questão da repercussão geral".

Importante previsão está na possibilidade de o relator admitir a manifestação de terceiros de ofício. Trata-se de poder inerente à atividade de direção do processo confiada ao Tribunal,[369] com vistas à preparação da resolução atinente à presença ou não repercussão geral. Busca-se, com isso, o aporte de elementos que tragam importantes considerações sobre a questão constitucional objeto de aferição, alargando o espectro cognitivo e permitindo, assim, a tomada de uma visão de conjunto. Afinal, como salientam Luiz Rodrigues Wambier, Teresa Arruda Alvim Wambier e José Miguel Garcia Me-

---

[368] Lei nº 11.417/06, art. 3º, § 2º.

[369] Confira-se a lição de Adolfo Schönke: "A la preparación de la resolución contribuye la colaboración del Tribunal em la aportación del material procesal, en la formación de los elementos de la sentencia. Esto es lo que constituye la dirección del proceso y significa el derecho y el deber del Tribunal a influir para la integridad, claridad y orden conveniente de las alegaciones de las partes, y a procurar la rápida terminación del proceso. Por razón de esta dirección participa el Tribunal en la responsabilidad del resultado del proceso. Esta dirección del proceso confiada al Juez encierra cierta modificación del principio dispositivo [...]". (SCHÖNKE, Adolfo. *Derecho procesal civil.* Barcelona: Bosch, 1950, p. 112).

dina, o fundamento da intervenção do *amicus curiae* é institucional, diferente do interesse da parte.[370]

Na medida em que suas decisões, também no controle difuso, via recurso extraordinário, passam a assumir uma dimensão mais abrangente, salutar que se permita a pluralização do debate acerca dos temas submetidos ao STF. A figura do *amicus curiae* apresenta-se como salutar instrumento de democratização processual,[371] que permite um maior diálogo entre juiz e interessados. O contraditório, assim, torna-se mais efetivo e a decisão passa a se revestir de uma maior aceitação social. Permite-se, com a intervenção, o aporte de novos elementos, contribuindo para uma mais adequada verificação acerca da real magnitude da questão constitucional discutida. Estreme de qualquer dúvida, como se vê, a íntima relação da figura do *amicus curiae* com o princípio da cooperação. Assim explica Cássio Scarpinella Bueno:

> A nosso ver, a relação entre o "princípio da cooperação" e o *amicus curiae* mostra sua face mais visível na exata medida em que se reconhece a necessária interação do juiz com as partes – ou com outros sujeitos que possam atuar, de alguma forma, no processo – em busca de melhor aproximação e, portanto, mais completa definição dos temas e matérias que deverão ser necessariamente enfrentados pelo magistrado ao julgar o objeto litigioso. A *cooperação* no sentido do diálogo, no sentido de troca de informações possíveis e necessárias para *melhor* decidir, é a própria face do *amicus curiae*, desde suas origens mais remotas. Assim, em função dessa *cooperação*, desenvolvimento e atualização do princípio do contraditório, realiza-se, também, a necessidade de as informações úteis para o julgamento da causa serem devidamente levadas ao conhecimento do magistrado, viabilizando, com isso, que ele melhor absorva e, portanto, realize em concreto os valores dispersos pelo próprio Estado e pela sociedade.[372]

---

[370] WAMBIER; WAMBIER; MEDINA, 2007, p. 247.

[371] O Min. Celso de Mello, do STF, em decisão monocrática, afirmou que "A admissão de terceiro, na condição de *amicus curiae*, no processo objetivo de controle normativo abstrato, qualifica-se como fator de legitimação social das decisões da Suprema Corte, enquanto Tribunal Constitucional, pois viabiliza, em obséquio ao postulado democrático, a abertura do processo de fiscalização concentrada de constitucionalidade, em ordem a permitir que nele se realize, sempre sob uma perspectiva eminentemente pluralística, a possibilidade de participação formal de entidades e de instituições que efetivamente representem os interesses gerais da coletividade ou que expressem os valores essenciais e relevantes de grupos, classes ou estratos sociais. Em suma: a regra inscrita no art. 7º, § 2º, da Lei nº 9.868/99 – que contém a base normativa legitimadora da intervenção processual do amicus curiae – tem por precípua finalidade pluralizar o debate constitucional". (Supremo Tribunal Federal. ADI 2130 MC/SC. *DJ* 02 fev. 2001, p. 145).

[372] BUENO, 2006, p. 56.

O art. 324 do RISTF comete ao relator a fixação de prazo para manifestação daqueles que desejam participar do procedimento de aferição na condição de *amicus curiae*. Evidentemente, tal prazo deverá preceder sua manifestação acerca do requisito. Somente assim, o debate se tornará realmente efetivo, sendo considerados, em sua plenitude, os argumentos elencados para a aferição da relevância e da transcendência da matéria.

De outra sorte, afigura-se sensato exigir, como requisito para participação na condição de *amicus curiae*, a representatividade do postulante, assim como o é pelo art. 7º, § 2º, da Lei nº 9.868/99. A relevância da matéria, outro requisito constante do citado dispositivo, não poderá ser objeto de prévia exigência, pois se constitui, justamente, em um dos elementos necessários para a configuração da repercussão geral.

Não obstante, ressalte-se que a relevância da fundamentação é também requisito indispensável. Para que possa ser admitido no processo, necessário que o interessado pluralize o debate constitucional, apresentando informações, documentos ou quaisquer elementos importantes para o pronunciamento acerca da repercussão geral da questão constitucional discutida.[373]

4.12. Irrecorribilidade da decisão

Estabelece o art. 543-A do CPC a irrecorribilidade da decisão do Supremo Tribunal Federal que não conhecer do recurso extraordinário quando a questão constitucional nele versada não oferecer repercussão geral. A norma, a bem da verdade, deve ser compreendida em seus exatos termos.

A melhor exegese, em primeiro lugar, aponta para a irrecorribilidade da decisão tanto nos casos em que reconhecida a repercussão geral quanto naqueles em que rejeitada. Por certo, não haveria sentido algum em vedar a interposição de recurso apenas em relação ao recorrente (cujo recurso extraordinário não foi conhecido), permitindo que o recorrido, nos casos em que reconhecida a repercussão

[373] Nesse sentido, decisão do Min. Joaquim Barbosa nos autos da ADI 4033/DF (*DJe*-092, divulg. 21 maio 2008, public. 23 maio 2008).

geral, pudesse se valer de tal expediente. Trata-se de interpretação que se harmoniza com a garantia da paridade de armas (CPC, art. 125, I), que espelha, no âmbito do processo, a igualdade assegurada constitucionalmente (art. 5º, *caput* e inciso I). Apenas a parte interessada poderá recorrer, não sendo dado ao *amicus curiae* o exercício de tal faculdade.[374]

Por outro lado, irrecorrível será apenas a decisão submetida ao *quorum* exigido para a aferição do requisito, observado o procedimento previsto nos arts. 323, 324 e 325 do RISTF. Assim, submetida pelo relator aos demais ministros do STF a existência ou não de repercussão geral da questão constitucional, a decisão tomada no Plenário Virtual não será objeto de recurso. As decisões monocráticas, conforme já adiantado, poderão ser atacadas por agravo interno.[375]

4.12.1. Cabimento de embargos declaratórios

A dita irrecorribilidade, no entanto, não afasta a possibilidade de oposição de embargos declaratórios. Embora não haja, no tocante à repercussão geral, a ressalva contida no art. 26 da Lei nº 9.868/99,[376] é certo que, ocorrendo, omissão, obscuridade ou contradição[377] na decisão acerca da presença do requisito, admitir-se-á o citado remédio, destinado, precipuamente, à integração do julgado e não à sua reforma ou cassação.[378]

Têm, as partes, direito a um pronunciamento jurisdicional completo, imune de defeitos formais. Os efeitos decorrentes da aferição da repercussão geral, ademais, reforçam a necessidade de que a resolução emanada do STF revista-se da indispensável higidez.

---

[374] Nesse sentido, no âmbito do controle concentrado de constitucionalidade, já decidiu o STF que "Entidades que participam na qualidade de *amicus curiae* dos processos objetivos de controle de constitucionalidade, não possuem legitimidade para recorrer, ainda que aportem aos autos informações relevantes ou dados técnicos." (Supremo Tribunal Federal. Tribunal Pleno, ADI-ED 2591/DF. Relator: Min. Eros Grau. *DJ* 13 abr. 2007, p. 83). No mesmo sentido, Supremo Tribunal Federal. Tribunal Pleno. ADI-ED 3105/DF. Relator: Min. Cezar Peluso. *DJ* 23 fev. 2007, p. 17.

[375] RISTF, art. 327, § 1º.

[376] "Art. 26. A decisão que declara a constitucionalidade ou a inconstitucionalidade da lei ou do ato normativo em ação direta ou em ação declaratória é irrecorrível, ressalvada a interposição de embargos declaratórios, não podendo, igualmente, ser objeto de ação rescisória".

[377] CPC, art. 535.

[378] Nesse sentido, Supremo Tribunal Federal. Tribunal Pleno RE-EDv-ED-ED 194402/RS. Relator: Min. Ellen Gracie. *DJ* 07 out. 2005, p. 3.

O controle do acesso ao STF, operado pela adoção do requisito da repercussão geral da questão constitucional traz, como um de seus reflexos, a exigência de que as suas decisões sejam altamente qualificadas. Não se afigura indicado, portanto, controlar apenas o acesso, mas também – e na mesma proporção – o grau de qualidade dos pronunciamentos do Supremo.

Dessa forma, não deve o STF enxergar o remédio com relutância,[379] mas como forma de aprimorar o seu relevante mister, mantendo seus pronunciamentos sempre dentro dos desejáveis padrões de excelência. De outro lado, deve ser combativo quanto ao mau uso dos embargos, que poderá comprometer, caso se alastre a hipóteses não previstas em lei, a racionalidade almejada com a instituição do mecanismo de filtragem. É sabido que, em não raras hipóteses, o jurisdicionado, interessado em outros objetivos que não a integração do julgado, vale-se do expediente como um meio extraordinário para alcançar fins anômalos, como a procrastinação do feito.[380] Em tais hipóteses, a multa prevista no art. 538, parágrafo único, do CPC,[381] desempenhará caráter pedagógico. Também o parágrafo único do art. 14 do diploma processual poderá ser utilizado para coibir atitudes atentatórias ao dever de lealdade processual.[382]

---

[379] Observa Araken de Assis que "Os embargos declaratórios enfrentam relutância natural do órgão judiciário. À diferença dos recursos remetidos ao órgão *ad quem*, compete ao próprio juiz que emitiu o provimento apreciar a crítica direta que lhe é feita e deliberar acerca de defeitos que, objetivamente, não depõem a favor do anterior exame atento da causa e do emprego da correta técnica de julgar. Em vão se prega, a esse propósito, largueza de espírito no julgamento dos embargos. Integra a natureza humana tanto a soberba quanto a modéstia. Só homens e mulheres muito evoluídos e superiores exibem a humildade necessária para reconhecer e corrigir os próprios erros". (ASSIS, A., 2007c, p. 580-581).

[380] PORTO; USTÁRROZ, 2008, p. 191.

[381] "Art. 538, parágrafo único. Quando manifestamente protelatórios os embargos, o juiz ou o tribunal, declarando que o são, condenará o embargante a pagar ao embargado multa não excedente de 1% (um por cento) sobre o valor da causa. Na reiteração de embargos protelatórios, a multa é elevada a até 10% (dez por cento), ficando condicionada a interposição de qualquer outro recurso ao depósito do valor respectivo".

[382] "Art. 14. São deveres das partes e de todos aqueles que de qualquer forma participam do processo: I – expor os fatos em juízo conforme a verdade; II – proceder com lealdade e boa-fé; III – não formular pretensões, nem alegar defesa, cientes de que são destituídas de fundamento; IV – não produzir provas, nem praticar atos inúteis ou desnecessários à declaração ou defesa do direito; V – cumprir com exatidão os provimentos mandamentais e não criar embaraços à efetivação de provimentos judiciais, de natureza antecipatória ou final. Parágrafo único. Ressalvados os advogados que se sujeitam exclusivamente aos estatutos da OAB, a violação do disposto no inciso V deste artigo constitui ato atentatório ao exercício da jurisdição, podendo o juiz, sem prejuízo das sanções criminais, civis e processuais cabíveis, aplicar ao responsável multa em montante a ser fixado de acordo com a gravidade da conduta e não superior a vinte por cento do valor da causa; não sendo paga no prazo estabelecido, contado

Embora, como já referido, os embargos declaratórios não sirvam para a modificação do julgado que não se apresenta omisso, contraditório ou obscuro,[383] é possível que, excepcionalmente, sejam-lhe atribuídos efeitos infringentes.[384] Deve-se, antes disso, dar ciência à outra parte, para que possa se manifestar. Consoante entendimento firmado no Supremo Tribunal Federal, constitui ofensa à garantia do contraditório o julgamento de embargos declaratórios com efeitos infringentes sem a intimação da parte contrária.[385]

4.12.2. Descabimento do mandado de segurança

Luiz Guilherme Marinoni e Daniel Mitidiero, além dos embargos declaratórios, sustentam, também, o cabimento de mandado de segurança, a ser utilizado como sucedâneo recursal, nos casos de não recebimento de recurso extraordinário pela ausência de repercussão geral de maneira equivocada.[386] Sem razão, no entanto.

Tornou-se dominante a orientação jurisprudencial no sentido do cabimento – ainda que excepcional – de mandado de segurança contra ato jurisdicional. Todavia, os mesmos tribunais, que construíram essa jurisprudência, estabeleceram restrições, não admitindo, por exemplo, a referida ação constitucional contra decisão transitada em julgado,[387] ou contra decisão que aprecia pedido de suspensão de segurança.[388]

A jurisprudência do Supremo, nessa linha restritiva, é firme no sentido de não admitir a ação mandamental em face de suas de-

---

do trânsito em julgado da decisão final da causa, a multa será inscrita sempre como dívida ativa da União ou do Estado".

[383] Nesse sentido, Superior Tribunal de Justiça. Segunda Turma. EDcl nos EDcl nos EDcl no REsp 612297. Relator: Min. Humberto Martins. *DJ* 09 maio 2007, p. 227.

[384] Conforme já assentou o STF, "Embargos declaratórios não se prestam a modificar capítulo decisório, salvo quando a modificação figure conseqüência inarredável da sanação de vício de omissão, obscuridade ou contradição do ato embargado". (Supremo Tribunal Federal. Primeira Turma. AI-AgR-ED 489548/GO. Relator: Min. Cezar Peluso. *DJ* 09 jun. 2006, p. 16).

[385] Nesse sentido, *v.g.*, Supremo Tribunal Federal. Primeira Turma. RE n 384.031/AL. Relator: Min. Sepúlveda Pertence. *DJ* 04 jun. 2004; e Supremo Tribunal Federal. Segunda Turma. Ag-RAI 327728/. Relator: Min. Nelson Jobim. *DJ* 02 out. 2001.

[386] MARINONI; MITIDIERO, 2007, p. 57.

[387] STF, Súmula 268; Superior Tribunal de Justiça. Quinta Turma. RMS 15596/CE. Relator: Min. Felix Fischer. *DJ* 29 mar. 2004, p. 255.

[388] Superior Tribunal de Justiça. Corte Especial. MS 7029/DF. Relator para Acórdão: Min. Sálvio de Figueiredo Teixeira. *DJ* 14 out. 2002, p. 178.

cisões, inclusive as emanadas de qualquer um de seus ministros.[389] De qualquer sorte, diante da previsão de agravo contra as decisões do relator, antes referida, esbarraria o cabimento do mandado de segurança no disposto no art. 5º, II, da Lei nº 1.533/51,[390] atraindo, também, o óbice da Súmula 267 do STF, segundo a qual "Não cabe mandado de segurança contra ato judicial passível de recurso ou correição".

Por fim, no que toca à previsão contida no art. 102, I, *d*, da CF/88, que estabelece a competência do STF para julgar mandado de segurança impetrado contra seus próprios atos, tem-se, à luz do que já se decidiu sob o pálio da Carta pretérita, que a norma se refere às atividades administrativas exercidas pela Corte, não às suas decisões judiciais.[391]

4.13. Direito intertemporal

De acordo com o seu art. 4º, aplica-se a Lei nº 11.418/06 "aos recursos interpostos a partir do primeiro dia de sua vigência", prevista para sessenta dias após a data da sua publicação,[392] que ocorreu em 20 de dezembro de 2006. Assim, o início de vigência da norma deu-se em 19.02.2007.[393]

Em matéria de direito intertemporal, embora a lei nova incida sobre os processos pendentes, não pode atingir os atos já exauridos,

---

[389] Nesse sentido, Supremo Tribunal Federal. Tribunal Pleno. MS-AgR 25365/DF. Relator: Min. Cezar Peluso. *DJ* 02 fev. 2007, p. 73.

[390] "Art. 5º. Não se dará mandado de segurança quando se tratar: [...]. II – de despacho ou decisão judicial, quando haja recurso previsto nas leis processuais ou possa ser modificado por via de correção".

[391] Supremo Tribunal Federal. Tribunal Pleno. MS 20323/RJ. Relator: Min. Djaci Falcão. *DJ* 28 maio 1982, p. 5109.

[392] Lei nº 11.418/06, art. 5º.

[393] Veja-se a atual redação do art. 8º e seus parágrafos, da Lei Complentar 95/98: "Art. 8º. A vigência da lei será indicada de forma expressa e de modo a contemplar prazo razoável para que dela se tenha amplo conhecimento, reservada a cláusula 'entra em vigor na data de sua publicação' para as leis de pequena repercussão. § 1º. A contagem do prazo para entrada em vigor das leis que estabeleçam período de vacância far-se-á com a inclusão da data da publicação e do último dia do prazo, entrando em vigor no dia subseqüente à sua consumação integral. § 2º. As leis que estabeleçam período de vacância deverão utilizar a cláusula 'esta lei entra em vigor após decorridos (o número de) dias de sua publicação oficial'."

diante da garantia insculpida no art. 5º, XXXVI, da Constituição.[394] Na lição de Giuseppe Chiovenda, "[...] a aplicação da nova lei processual aos feitos já pendentes pode ocasionar graves complicações, de sorte que usualmente o legislador provê com *disposições transitórias* a regular positivamente êsse problema".[395]

No âmbito recursal, especificamente, vigora a regra segundo a qual a lei que rege matéria relativa a recurso é a existente ao tempo do julgamento, uma vez que, proferida a decisão, "nasce o direito subjetivo à impugnação, ou seja, o direito ao recurso autorizado pela lei *vigente nesse momento*".[396] A norma prevista no art. 4º da Lei nº 11.418/06, contudo, afastou-se dessa diretriz, estipulando, como marco, a data da interposição do recurso extraordinário. A interpretação literal do dispositivo foi prontamente combatida por Luiz Rodrigues Wambier, Teresa Arruda Alvim Wambier e José Miguel Garcia Medina, que sustentaram a impossibilidade de se exigir a demonstração da repercussão geral em relação aos recursos extraordinários interpostos em face de decisões proferidas antes da entrada em vigor do art. 543-A do CPC.[397]

---

394 ASSIS, Araken de. *Cumprimento da sentença.* Rio de Janeiro: Forense, 2006, p. 40.

395 CHIOVENDA, Giuseppe. *Instituições de direito processual civil.* Traduzido por J. Guimarães Menegale. 3. ed. São Paulo: Saraiva, 1969, v. 1, p. 94-95.

396 LACERDA, Galeno. *O novo direito processual civil e os feitos pendentes.* Rio de Janeiro: Forense, 1974, p. 68. Consoante precedente da Corte Especial do STJ, "O recurso rege-se pela lei do tempo em que proferida a decisão, assim considerada nos órgãos colegiados a data da sessão de julgamento em que anunciado pelo Presidente o resultado, nos termos do art. 556 do Código de Processo Civil. É nesse momento que nasce o direito subjetivo à impugnação". (Superior Tribunal de Justiça. EREsp 649526/MG. Relator: Min. Carlos Alberto Menezes Direito. *DJ* 13 fev. 2006, p. 643).

397 "Interpretação isolada do referido dispositivo legal, que não se ativesse aos princípios constitucionais referidos acima, poderia sugerir que o requisito em questão fosse exigível quando a decisão impugnada pelo recurso extraordinário tivesse sido proferida antes da entrada em vigor da alteração, se o recurso viesse a ser interposto quando já em vigor o art. 543-A do CPC, inserido pela Lei 11.418/2006. Por exemplo, iniciando-se o prazo para a interposição do recurso em 07.02.2007, quando ainda não estivesse em vigor a alteração da referida Lei, ter-se-ia o seguinte: interposto o recurso após a entrada em vigor de tal alteração (p.ex., em 21.02.2007), deveria a parte demonstrar a repercussão geral. Tal solução, contudo, geraria situações insustentáveis. Pense-se, por exemplo, na hipótese em que o primeiro recurso seja interposto pelo autor, e o segundo pelo réu, ou, ainda, na hipótese em que uma das partes interpõe o recurso extraordinário principal quando ainda não estiver em vigor a referida alteração, e a outra parte interpõe recurso extraordinário adesivo na vigência do art. 543-A. Em situações como as ora exemplificadas, acabar-se-ia exigindo o requisito em relação ao recurso interposto por uma das partes, e não em relação ao recurso interposto pela outra, o que violaria o princípio da isonomia. Tais exemplos demonstram, a nosso ver, que, ao dispor que o requisito da repercussão geral só se aplica aos recursos extraordinários interpostos a partir da vigência do art. 543-A, quis o legislador *afastar o risco de tal requisito vir a ser exigido para os recursos que já*

Todavia, antes mesmo que a discussão pudesse ganhar fôlego, o Supremo Tribunal Federal, nos autos do AI-QO 664567/RS,[398] assim se pronunciou sobre o termo inicial da exigência de demonstração da repercussão geral da constitucional:

> [...].
> III. Recurso extraordinário: exigência de demonstração, na petição do RE, da repercussão geral da questão constitucional: termo inicial.
> 1. A determinação expressa de aplicação da L. 11.418/06 (art. 4º) aos recursos interpostos a partir do primeiro dia de sua vigência não significa a sua plena eficácia. Tanto que ficou a cargo do Supremo Tribunal Federal a tarefa de estabelecer, em seu Regimento Interno, as normas necessárias à execução da mesma lei (art. 3º).
> 2. As alterações regimentais, imprescindíveis à execução da L. 11.418/06, somente entraram em vigor no dia 03.05.07 – data da publicação da Emenda Regimental nº 21, de 30.04.2007.
> 3. No artigo 327 do RISTF foi inserida norma específica tratando da necessidade da preliminar sobre a repercussão geral, ficando estabelecida a possibilidade de, no Supremo Tribunal, a Presidência ou o Relator sorteado negarem seguimento aos recursos que não apresentem aquela preliminar, que deve ser "formal e fundamentada".
> 4. Assim sendo, a exigência da demonstração formal e fundamentada, no recurso extraordinário, da repercussão geral das questões constitucionais discutidas só incide quando a intimação do acórdão recorrido tenha ocorrido a partir de 03 de maio de 2007, data da publicação da Emenda Regimental n. 21, de 30 de abril de 2007.

Dessa forma – e para o que efetivamente interessa sob o aspecto prático –, o requisito apenas pode ser exigido quando a *intimação*[399] do acórdão objeto do recurso extraordinário haja ocorrido a partir de 03 de maio de 2007. Antes disso, embora vigente a Lei nº 11.418/06, a demonstração em preliminar formal e fundamentada da repercussão geral da questão constitucional é dispensada. Sua ausência, assim, não pode ensejar a declaração de inadmissibilidade do recurso.

Por fim, fundamental anotar que o Supremo Tribunal Federal, objetivando extrair ao máximo os efeitos práticos previstos no art.

---

estiverem em trâmite. Segundo nosso entendimento, não se pode exigir tal requisito quando o recurso extraordinário é interposto na vigência do art. 543-A, em relação a decisões proferidas antes da entrada em vigor de tal alteração. Orientação contrária à ora sugerida, decorrente da interpretação literal e isolada do art. 4º da Lei 11.418/2006, além de poder gerar situações desarrazoadas, poderia, até, violar os princípios constitucionais a que nos referimos acima". (WAMBIER; WAMBIER; MEDINA, 2007, p. 328-329).

[398] Supremo Tribunal Federal. Tribunal Pleno. Relator: Min. Sepúlveda Pertence. *DJ* 06 set. 2007, p. 37.

[399] Frise-se: data da intimação, e não da decisão.

543-B do CPC, entendeu aplicável a sistemática prevista no referido dispositivo também aos recursos extraordinários interpostos em face de acórdãos publicados antes de 03 de maio de 2007. Assim, os tribunais, turmas recursais e de uniformização ficam autorizados a adotar os procedimentos de sobrestamento, retratação e declaração de prejudicialidade de recursos extraordinários e de agravos de instrumento correspondentes.[400] Da mesma forma, os recursos já distribuídos no âmbito do STF serão remetidos aos respectivos órgãos de origem, para as providências estipuladas no art. 543-B, §§ 1° e 3°, do CPC.

[400] Nesse sentido, notícia divulgada no Boletim Informativo do STF n° 510: "Em seguida, o Tribunal, por maioria, acolheu outra questão de ordem, suscitada pelo Min. Gilmar Mendes, Presidente, no sentido de assentar a aplicabilidade do regime previsto no art. 543-B do CPC e, em especial, nos seus §§ 1° e 3°, aos recursos extraordinários interpostos de acórdãos publicados anteriormente a 3.5.2008, e aos agravos de instrumento respectivos, ficando, quanto aos mesmos, afastada a incidência do disposto no § 2° do referido artigo que trata da negativa de processamento fundada em ausência de repercussão geral. Em conseqüência, ficariam autorizados os tribunais, turmas recursais, e de uniformização, a adotar os procedimentos de sobrestamento, retratação e declaração de prejudicialidade de recursos extraordinários e de agravos de instrumento correspondentes. Vencido o Min. Marco Aurélio que rejeitava a questão de ordem por não aplicar o art. 543-B a recursos interpostos antes da regulamentação do instituto da repercussão geral. AI 715423 QO/RS, rel. Min. Ellen Gracie, 11.6.2008. (AI-715423)."

Conclusão

O objetivo do presente trabalho centrou-se no exame da repercussão geral da questão constitucional no recurso extraordinário, tal como exposto quando de sua introdução. A partir do estudo realizado, impõe-se declinar as principais conclusões a que se chegou.

Diante da excessiva carga a que vinha sendo submetido, decorrente, em especial, de recursos extraordinários e de agravos de instrumento (interpostos em face da inadmissão daqueles na origem), o Supremo Tribunal Federal passou a exercer, indevidamente, a condição de nova instância recursal. Afastou-se, dessa forma, de sua função precípua, relacionada, essencialmente, à institucionalização e preservação do Estado Democrático de Direito, mediante a guarda da Constituição Federal.

A missão das cortes superiores vincula-se à defesa e à preservação da unidade do ordenamento jurídico, de modo a garantir a observância do direito objetivo e a uniformidade da jurisprudência. Transcende, assim, o mero interesse das partes. Revela-se natural e lógica a impossibilidade de os tribunais supremos se ocuparem com questões pontuais, impertinentes, que interessam unicamente às partes do processo. Aos tribunais superiores, dos quais se esperam decisões qualificadas e paradigmáticas, há que se conferir competência seletiva, para que sua atenção possa se centrar nas questões jurídicas cujo deslinde seja de interesse geral.

A exigência de demonstração da repercussão geral da questão constitucional, introduzida pela EC 45/04, objetiva, justamente, outorgar ao Supremo Tribunal Federal as condições necessárias para que bem exerça sua função de órgão de cúpula, potencializando sua faceta de Corte Constitucional. Trata-se de instrumento de controle do acesso ao STF, que vem a coibir a indevida, mas até então presente, ordinarização da instância extraordinária. Prioriza a idéia do *acesso adequado* ao Tribunal – e não a do acesso quase que universal e ilimitado –, reforçando o papel do recurso extraordinário como instrumento de defesa da ordem objetiva, mais especificamente, da Constituição Federal. Prestigia, outrossim, os órgãos jurisdicionais inferiores, que, de meras instâncias de passagem, passarão, freqüentemente, à condição de responsáveis pela emissão do derradeiro pronunciamento.

A repercussão geral não existe de forma autônoma e não se destina a obter, por si mesma, a reforma da decisão impugnada. Trata-se requisito genérico de admissibilidade do recurso extraordinário. Indica que o recurso extraordinário *merece ser analisado*, mas, evidentemente, não dispensa a presença dos demais requisitos de admissão e, muito menos, traz a garantia de seu provimento.

No âmbito do direito comparado, a adoção de mecanismos que limitam o acesso aos tribunais superiores, também sobrecarregados, não é estranha. Nos Estados Unidos, a Suprema Corte goza do denominado *discretionary power* para examinar quais casos, de suficiente relevo e interesse público, merecerão sua atenção, por meio do procedimento do *writ of certiorari*. Na Argentina, o art. 280 do *Codigo Procesal Civil y Comercial de la Nación* autoriza seja rechaçado o *recurso extraordinario* quando não houver transcendência da questão discutida. O direito alemão, por sua vez, condiciona a admissibilidade da revisão à proclamação, pelo tribunal *a quo*, da importância fundamental da causa (*grundsätzliche Bedeutung der Rechtssache*).

O ordenamento pátrio, igualmente, não desconhece mecanismos cujas características apontam na direção da limitação das questões a serem apreciadas pelas cortes superiores. Como institutos análogos, podemos citar a antiga argüição de relevância e o atual critério da transcendência, previsto na CLT. A despeito de importantes semelhanças, a argüição de relevância, vigente sob o pálio da Constituição passada, não se confunde com a repercussão geral, em especial diante das atuais imposições constitucionais no sentido da motivação e da publicidade das decisões do Poder Judiciário.

Para que esteja presente a repercussão geral da questão constitucional, dois requisitos devem, em regra, vir conjugados: *relevância* do ponto de vista econômico, político, social ou jurídico; e *transcen-*

dência (questões que ultrapassem os interesses subjetivos da causa). Longe de qualquer definição hermética, a legislação albergou critérios passíveis de preenchimento no caso concreto. É possível, contudo, estabelecer indicadores positivos e negativos que nortearão a aferição do requisito. A violação direta e frontal a direitos e garantias fundamentais, nesse contexto, deve, via de regra, transpor o mecanismo que restringe o acesso ao STF.

A adoção de conceitos jurídicos indeterminados não conduz a uma decisão que possa ser tida como discricionária, no sentido aplicado no âmbito do direito administrativo. Não confere, ao STF, liberdade absoluta para decidir sem qualquer fundamento, calcado apenas na sua vontade pessoal. A *margem de livre apreciação* que resta àquele que aplica o direito não corresponde à *margem de decisão livre* do agente da Administração. O preenchimento do "espaço em branco" da norma há de ser, sempre, objetivamente justificado. A adoção de critérios abertos, ademais, não significa a outorga de poder legiferante aos magistrados. Apenas reflete, com maior intensidade, algo inerente a toda decisão judicial: o subjetivismo. Em verdade, de todo necessária uma elasticidade no conceito definidor da *repercussão geral*, não somente pelas naturais e cada vez mais constantes mutações sociais, mas, também, para que casos extremamente relevantes, que em princípio não se enquadrariam em normas fechadas, possam ser julgados pelo STF.

Nem todos os critérios para verificar a presença da repercussão geral da questão constitucional, contudo, situam-se no campo do subjetivismo. Há, na legislação regente, dois fatores objetivos, que indicam a presença do requisito: provimento recorrido contrário a súmula ou jurisprudência dominante do STF; e provimento que aprecia questão constitucional objeto de multiplicidade de recursos com idêntica controvérsia.

A exigência da demonstração da repercussão geral abrange os recursos fundados em quaisquer das alíneas do art. 102, III, da CF/88. Sua demonstração, em preliminar, é exigência atinente à regularidade formal do recurso extraordinário. Não há, contudo, vinculação aos fundamentos declinados pelo recorrente. O STF é livre para dar a adequada qualificação jurídica à questão versada.

Havendo, no recurso extraordinário, questões autônomas, cada qual com sua causa de pedir e o seu pedido específico, é necessária a demonstração da repercussão geral de cada uma delas. A ausência de repercussão geral quanto a uma das questões, por outro lado, não impede o conhecimento do recurso quanto àquela em que reconhecida.

Compete ao STF, com exclusividade, manifestar-se sobre a repercussão geral de questão constitucional inédita, sendo necessário o voto de oito Ministros para rechaçá-la. É defeso ao juízo de origem proferir juízo valorativo a respeito da repercussão geral, sob pena de usurpação de competência do STF, o que desafia reclamação, sem prejuízo da necessária interposição do agravo de instrumento. No entanto, uma vez negada a repercussão geral de determinada questão constitucional, poderá o órgão *a quo* negar seguimento ao recurso extraordinário, em homenagem à garantia da razoável duração do processo. Poderá a instância de origem, também, verificar se há, no recurso extraordinário, preliminar, formal e fundamentada, acerca da repercussão geral.

Havendo prévia apreciação sobre a repercussão geral de determinada questão pelo *quorum* constitucional, a verificação do requisito poderá ser feita monocraticamente. Poderá, também, a Presidência do STF recusar recursos cuja matéria carecer de repercussão geral, segundo precedente do Tribunal, bem como aqueles que não apresentarem a preliminar.

A concessão de efeito suspensivo a recurso extraordinário pela origem não implica na declaração implícita de existência de repercussão geral. De outra sorte, havendo, na decisão impugnada, fundamentos constitucional e infraconstitucional, o recorrente deve interpor os recursos especial e extraordinário, salvo se o STF já houver se pronunciado no sentido da ausência de repercussão geral da questão constitucional.

A verificação da repercussão geral da questão constitucional somente se dará se positivo o juízo sobre a presença de todos os demais pressupostos de admissibilidade do recurso extraordinário. Mantém-se válida a histórica exigência de prequestionamento para o conhecimento do recurso extraordinário. É possível, no entanto, que, com o desenvolvimento do novo regime do recurso extraordinário, passe a repercussão geral a ser, por excelência, o instrumento balizador do acesso ao STF, atenuando-se o rigor quanto aos demais requisitos de admissibilidade.

Por imperativo constitucional, a decisão sobre a repercussão geral deverá ser pública e motivada. Coube ao Regimento Interno do Supremo Tribunal Federal regulamentar o procedimento de aferição do requisito. Assim, não sendo o caso de inadmissibilidade por outro fundamento, o relator do recurso extraordinário submeterá, *por meio eletrônico*, aos demais ministros, cópia de sua manifestação sobre a existência, ou não, de repercussão geral. Após recebê-la, os demais ministros encaminhar-lhe-ão, também por meio eletrônico, no prazo comum de 20 (vinte) dias, manifestação sobre a questão da repercussão geral. Decorrido o prazo sem manifestações suficientes para recusa do recurso, reputar-se-á existente a repercussão geral. Negada esta, o relator formalizará e subscreverá decisão de recusa do recurso. O procedimento não terá lugar nas hipóteses de presunção absoluta de repercussão geral (decisão contrária a súmula ou jurisprudência dominante do STF); de questão cuja repercussão já houver sido reconhecida pelo Tribunal; e de jurisprudência negativa acerca da repercussão geral (uma vez que a Presidência ou o Relator, liminarmente, não conhecerão do recurso). Não há que se falar, diante da adoção do procedimento eletrônico de verificação, em violação às garantias da publicidade ou do contraditório, cujos núcleos essenciais restam preservados.

Conferiu-se tratamento específico aos múltiplos recursos fundados em idêntica controvérsia, espaço que se apresenta como o mais efetivo no sentido de combater a sobrecarga enfrentada pelo Pretório Excelso. Em tais casos, deverá o tribunal local selecionar paradigmas representativos, encaminhando-os ao STF. Igual providência poderá ser determinada pelo Presidente do STF ou pelo relator do recurso extraordinário, deparando-se com questão suscetível de se reproduzir. Os demais recursos ficarão sobrestados, aguardando o pronunciamento superior. Quando já se encontrarem, no âmbito do STF, múltiplos recursos envolvendo questão idêntica, o Presidente da Corte, pela Secretaria Judiciária, procederá à seleção e devolverá à origem os demais recursos, que nem mais serão distribuídos. Já os demais ministros, submeterão um único recurso de cada matéria para a análise da repercussão geral da questão constitucional, devolvendo os demais, inclusive os agravos, aos órgãos dos quais provenientes. Negada a repercussão geral pelo STF, os recursos sobrestados serão inadmitidos. Reconhecida a repercussão geral e julgado o mérito do recurso extraordinário, os recursos sobrestados serão apreciados pelos Tribunais, Turmas de Uniformização ou Turmas Recursais, que poderão declará-los prejudicados, na hipótese de a decisão local conformar-se à do STF; ou retratar-se, caso a contrarie. Mantida a decisão e admitido o recurso, poderá o Supremo Tribunal Federal cassar ou reformar, liminarmente, o acórdão contrário à orientação firmada. Ficam também sobrestados os agravos de instrumento, seguindo sistemática similar.

O procedimento de verificação da repercussão geral admite a intervenção do *amicus curiae,* salutar instrumento de democratização processual que permite um maior diálogo entre juiz e interessados, homenageando o princípio da cooperação. Proporciona-se, com a intervenção, o aporte de novos elementos, contribuindo para uma mais adequada verificação acerca da real magnitude da questão constitucional discutida.

A decisão sobre a repercussão geral, positiva ou negativa, é irrecorrível. É possível, no entanto, a oposição de embargos declaratórios, nas hipóteses de omissão, obscuridade ou contradição. A ação mandamental resta proscrita. Já os pronunciamentos do Presidente do STF ou do relator do recurso extraordinário, acerca da repercussão geral, desafiam agravo interno.

O requisito apenas pode ser exigido quando a intimação da decisão objeto do recurso extraordinário tenha ocorrido a partir de 03 de maio de 2007, consoante já decidiu o STF. Antes disso, embora vigente a Lei nº 11.418/06, a demonstração em preliminar formal e fundamentada da repercussão geral da questão constitucional é dispensada. Não obstante, a sistemática prevista no art. 543-B, §§ 1º e 3º, do CPC aplica-se também aos recursos extraordinários interpostos em face de acórdãos publicados antes de 03 de maio de 2007.

Do exposto, é possível afirmar que instituição de mecanismo de filtragem para a admissibilidade do recurso extraordinário se deu em oportuno momento. Trata-se de medida necessária (diante do número de processos submetidos ao STF), adequada (os mecanismos de filtragem são clássico meio de limitar o acesso às cortes superiores) e proporcional em sentido estrito.[401] Se bem utilizado,

---

[401] "A solução de outorga de maiores poderes ao STF, mediante a possibilidade de escolha das causas constitucionais que tenham repercussão geral, é a única solução *possível*, senão a única solução viável, e que parte da identificação verdadeira do problema e o equaciona *realística* e adequadamente." (ARRUDA ALVIM, 2005, p. 90).

em especial no que toca aos recursos com fundamento em idêntica controvérsia, é possível que gere os efeitos pretendidos.

O processo moderno passa por relevantes alterações valorativas, as quais devem, necessariamente, vir acompanhadas de uma ruptura (ou adaptação) cultural. Para que se concretizem os propalados intentos de um processo racional e célere, há que se admitir a criação de mecanismos que visem a tornar realmente efetiva a prestação jurisdicional, sem descurar dos direitos e garantias fundamentais das partes. Assim como se deve objetivar a racionalidade processual, não se pode dar espaço à arbitrariedade, sempre perigosa, seja oriunda do Poder Executivo, do Poder Legislativo ou do Poder Judiciário. O STF, nessa senda, haverá de ser criterioso quando da verificação da repercussão geral, agindo sempre com prudência e não com excesso injustificado.

Espera-se, com a adoção do mecanismo de restrição do acesso, que nosso órgão jurisdicional máximo ofereça à coletividade respostas seguras e qualificadas, cumprindo sua missão uniformizadora e contribuindo para a formação de um ambiente de respeito e de resgate da credibilidade das instituições. Assim, dar-se-á firme demonstração de que os alicerces fundantes de nosso Estado se apresentam suficientemente sólidos para a concretização dos objetivos fundamentais insculpidos em nossa Constituição da República – da qual é o Supremo Tribunal Federal, justamente, o guardião maior.

Referências

ABBUD, André de Albuquerque Cavalcanti. O anteprojeto de lei sobre a repercussão geral dos recursos extraordinários. *Revista de Processo,* São Paulo, v. 129, p. 108-131, nov. 2005a.

——. O processo e os novos rumos do Judiciário: desafios e tendências. *Revista de Processo,* São Paulo, v. 142, p. 268- 286, novembro 2005b.

ALMEIDA, Amador Paes de. *CLT comentada.* São Paulo: Saraiva, 2003.

AMARAL, Guilherme Rizzo. *Estudos de direito intertemporal e processo.* Porto Alegre: Livraria do Advogado, 2007.

AMARAL JÚNIOR, José Levi Mello do. Argüição de (ir)relevância na Reforma do Poder Judiciário. *Direito Público,* Porto Alegre, n. 7, p. 95-99, jan./mar. 2005.

ARAÚJO, José Henrique Mouta. A eficácia da decisão envolvendo a repercussão geral e os novos poderes dos relatores e dos tribunais locais. *Revista de Processo,* São Paulo, v. 152, p. 181-194, out. 2007a.

——. A repercussão geral e o novo papel do STF. *Revista Dialética de Direito Processual,* São Paulo, v. 50, p. 60-66, maio 2007b.

ARRUDA ALVIM. *A argüição de relevância o recurso extraordinário.* São Paulo: Revista dos Tribunais, 1988.

——. A EC n. 45 e o instituto da repercussão geral. In: WAMBIER, Teresa Arruda Alvim. et.al. (Coord.). *Reforma do Judiciário:* primeiros ensaios críticos sobre a EC n. 45/2004. São Paulo: Revista dos Tribunais, 2005. p. 63-99.

——. Notas a respeito dos aspectos gerais e fundamentais da existência dos recursos – direito brasileiro. *Revista de Processo,* São Paulo, v. 48, p. 7-26, out./dez. 1987.

——. O recurso extraordinário brasileiro e o instituto da repercussão geral. Notícia de projeto para sua disciplina por legislação ordinária. In: BERIZONCE, Roberto Omar; HITTERS, Juan Carlos; OTEIZA, Eduardo (Coord.). *El papel de los tribunais superiores.* Buenos Aires: Rubinzal-Culzoni, 2006.

ARRUDA ALVIM, Eduardo. Recurso especial e recurso extraordinário. In: NERY JUNIOR, Nelson; WAMBIER, Teresa Arruda Alvim (Coord.). *Aspectos polêmicos e atuais dos recursos cíveis.* São Paulo: Revista dos Tribunais, 2002. v. 5.

ASSIS, Araken de. *Cumprimento da sentença.* Rio de Janeiro: Forense, 2006.

——. *Cumulação de ações.* 4. ed. rev. e atual. São Paulo: Revista dos Tribunais, 2002a.

——. Duração razoável do processo e reforma da lei processual civil. In: MOLINARO, Carlos Alberto; MILHORANZA, Mariângela Guerreiro; PORTO, Sérgio Gilberto (Coord.). *Cons-*

tituição, jurisdição e processo: estudos em homenagem aos 55 anos da Revista Jurídica. Sapucaia do Sul: Notadez, 2007a. p. 41-59.

——. Formação do julgamento colegiado nos tribunais. In: SALMEIRÃO, Antonio Marcos Guerreiro; BOCCHINO, Leslie de Oliveira (orgs.). *Temas atuais de direito público.* Curitiba: Editora UTFPR, 2007b. p. 197-205.

——. Introdução aos sucedâneos recursais. In: NERY JUNIOR, Nelson; WAMBIER, Teresa Arruda Alvim (Coord.). *Aspectos polêmicos dos recursos e de outros meios de impugnação às decisões judiciais.* São Paulo: Revista dos Tribunais, 2002. v. 6, p. 13-60.

——. *Manual dos recursos.* São Paulo: Revista dos Tribunais, 2007c.

——. Prequestionamento e embargos de declaração. *Revista Nacional de Direito e Jurisprudência,* Ribeirão Preto, v. 33, p. 11-31, set. 2002b.

——. Sobre o método em processo civil. *Revista da Ajuris,* Porto Alegre, v. 39, p. 153-172, mar. 1987.

ASSIS, Carlos Augusto de. Repercussão geral como requisito de admissibilidade do recurso extraordinário (Lei 11.418/2006). *Revista Dialética de Direito Processual,* São Paulo, v. 54, p. 32-46, set. 2007.

AZEM, Guilherme Beux Nassif. A nova disciplina do agravo. In: NERY JUNIOR, Nelson: WAMBIER, Teresa Arruda Alvim (Coord.). *Aspectos polêmicos e atuais dos recursos cíveis e assuntos afins.* São Paulo: Revista dos Tribunais, 2007a. v. 11, p. 104-109.

——. Recurso extraordinário e repercussão geral. In: MOLINARO, Carlos Alberto; MILHORANZA, Mariângela Guerreiro; PORTO, Sérgio Gilberto (Coord.). *Constituição, jurisdição e processo: estudos em homenagem aos 55 anos da Revista Jurídica.* Sapucaia do Sul: Notadez, 2007b, p. 371-394.

——. A Súmula 126 do STJ e o instituto da repercussão geral. *Revista Jurídica,* Porto Alegre, v. 358, p. 91-95, ago. 2007c.

BAPTISTA, N. Doreste. *Da argüição de relevância no recurso extraordinário*: comentários à emenda regimental nº 3, de 12-6-1975, do Supremo Tribunal Federal. Rio de Janeiro: Forense, 1976.

BARBOSA MOREIRA, José Carlos. Breve notícia sobre a reforma do processo civil alemão. *Revista do Processo,* São Paulo, v. 111, p. 103-112, jul./set. 2003.

——. *Comentários ao Código de Processo Civil.* 4. ed. rev. e atual. Rio de Janeiro: Forense, 1981. v. 5.

——. ——. 12. ed. rev. e atual. Rio de Janeiro: Forense, 2005b. v. 5.

——. ——. 14. ed. rev. e atual. Rio de Janeiro: Forense, 2008. v. 5.

——. A Emenda Constitucional 45/2004 e o processo. *Revista de Processo,* São Paulo, v. 130, p. 235-248, dez. 2005a.

——. O futuro da Justiça: alguns mitos. In: TEMAS de direito processual civil: oitava série. São Paulo: Saraiva, 2004. p. 1-13.

——. A motivação da sentença como garantia inerente ao Estado de Direito. *Revista Jurídica,* Porto Alegre, v. 89, p. 102-115, maio 1978.

——. A recente reforma da Constituição brasileira e o Supremo Tribunal Federal. In: BERIZONCE, Roberto Omar; HITTERS, Juan Carlos; OTEIZA, Eduardo (Coord.). *El papel de los tribunais superiores.* Buenos Aires: Rubinzal-Culzoni, 2006.

——. Regras de experiência e conceitos juridicamente indeterminados. In: TEMAS de direito processual: segunda série. São Paulo: Saraiva, 1980. p. 61-72.

——. Restrições ilegítimas ao conhecimento dos recursos. *Revista da Ajuris,* Porto Alegre, v. 100, p. 187-199, dez. 2005c.

BARIONI, Rodrigo. O recurso extraordinário e as questões constitucionais de repercussão geral. In: WAMBIER, Teresa Arruda Alvim. et.al. (Coord.). *Reforma do Judiciário: Primeiros ensaios críticos sobre a EC n. 45/2004.* São Paulo: Editora Revista dos Tribunais, 2005. p. 721-734.

BASTOS, Celso Ribeiro; MARTINS, Ives Gandra. *Comentários à Constituição do Brasil.* São Paulo: Saraiva, 1997. v. 4, t. 3.

BAUM, Lawrence. *A Suprema Corte Americana.* Traduzido por Élcio Cerqueira. Rio de Janeiro: Forense Universitária, 1987.

BENDA, Ernst. *et. al. Manual de derecho constitucional.* 2. ed. Madrid: Marcial Pons, 2001.

BENETI, Sidnei Agostinho. O processo na Suprema Corte dos Estados Unidos. *Revista Jurídica,* São Paulo, v. 695, p. 270-274, set. 1993.

BERIZONCE, Roberto Omar. Sobrecarga, misión institucional y desahogo del sistema judicial. In: BERIZONCE, Roberto Omar; HITTERS, Juan Carlos; OTEIZA, Eduardo (Coord.). *El papel de los tribunais superiores.* Buenos Aires: Rubinzal-Culzoni, 2006. p. 433-470.

BERMUDES, Sérgio. *Curso de direito processual civil:* recursos. Rio de Janeiro: Borsoi, 1972.

——. *Introdução ao processo civil.* 4. ed. rev. e atual. Rio de Janeiro: Forense, 2006.

BRAGHITTONI, R. Ives. Recurso extraordinário: uma análise do acesso do Supremo Tribunal Federal. São Paulo: Atlas, 2007.

BUENO, Cássio Scarpinella. Amicus curiae *no direito brasileiro:* um estranho enigmático. São Paulo: Saraiva, 2006.

BUZAID, Alfredo. Nova conceituação do recurso extraordinário na Constituição do Brasil. *Revista da UFPR,* Curitiba, v. 11, p. 51-66, 1968.

CALAMANDREI, Piero. *La casación civil.* Traducción de Santiago Sentís Melendo. Buenos Aires: Editorial Bibliografica Argentina, 1961. v. 1, t. 2.

CALMON DE PASSOS, J. J. Da argüição de relevância no recurso extraordinário. *Revista Forense,* Rio de Janeiro, v. 259, jul./set. 1977a.

——. O recurso extraordinário e a emenda n. 3 do regimento interno do Supremo Tribunal Federal. *Revista de Processo,* São Paulo, v. 5, p. 11-22, jan./mar. 1977b.

CAMBI, Eduardo. Critério da *transcendência* para a admissibilidade do recurso extraordinário (art. 102, § 3º, da CF): entre a autocontenção e o ativismo do STF no contexto da legitimação democrática da jurisdição constitucional. In: WAMBIER, Teresa Arruda Alvim. *et.al.* (Coord.). *Reforma do Judiciário: Primeiros ensaios críticos sobre a EC n. 45/2004.* São Paulo: Revista dos Tribunais, 2005. p.153-165.

CANARIS, Claus-Wilhelm. *Pensamento sistemático e conceito de sistema na ciência do direito.* Traduzido por A. Menezes Cordeiro. 3. ed. Lisboa: Calouste Gulbenkian, 2002.

CANOTILHO, Joaquim José Gomes. *Direito constitucional e teoria da constituição.* 7. ed. Coimbra: Almedina, 2003.

CAPPELLETTI, Mauro. O controle judicial de constitucionalidade das leis no direito comparado. Porto Alegre: Fabris, 1984.

——. *O processo civil no direito comparado.* Traduzido por Hiltomar Martins de Oliveira. Belo Horizonte: Líder, 2001.

CARMONA, Carlos Alberto. Reforma da Constituição e processo: promessas e perspectivas. *Revista da Procuradoria-Geral do Estado de São Paulo,* São Paulo, n. 61/62, p. 1-12, jan./dez. 2005.

CARNEIRO, Athos Gusmão. Da intervenção da União Federal, como *amicus curiae*. Ilegitimidade para, nesta condição, requerer a suspensão dos efeitos de decisão jurisdicional. Leis 8.437/92, art. 4º, e 9.469/97, art. 5º. *Revista de Processo*, São Paulo, v. 111, p. 243-258, jul./set. 2003.

——. Do recurso especial e seus pressupostos de admissibilidade. *Revista da Ajuris*, Porto Alegre, v. 66, p. 39-60, mar. 1996.

CASTANHEIRA NEVES, A. O instituto dos "assentos" e a função jurídica dos supremos tribunais. Coimbra: Coimbra, 1983.

CASTILHO, Manoel Lauro Volkmer de. O recurso extraordinário, a repercussão geral e a súmula vinculante. *Revista de Processo*, São Paulo, v. 151, p. 99-119, set. 2007.

CASTRO NUNES. A Tarefa do Supremo Tribunal. *Revista Forense*, Rio de Janeiro, v. 99, p. 606-610, jul. 1944.

——. Teoria e prática do Poder Judiciário. Rio de Janeiro: Forense, 1943.

CHIOVENDA, Giuseppe. *Instituições de direito processual civil*. Traduzido por J. Guimarães Menegale. 3. ed. São Paulo: Saraiva, 1969. v. 1.

CINTRA, Antonio Carlos de Araújo; GRINOVER, Ada Pellegrini; DINAMARCO, Cândido Rangel. *Teoria geral do processo*. 21. ed., rev. e atual. São Paulo: Malheiros, 2005.

CITTADINO, Gisele. *Pluralismo, direito e justiça distributiva*. 3. ed. Rio de Janeiro: Editora Lumen Juris, 2004.

CORRÊA, Oscar Dias. A Emenda Regimental nº 2/85 ao Regimento Interno do STF. *Revista do Advogado*, São Paulo, v. 26, p. 7-30, ago. 1988.

——. A missão atual do Supremo Tribunal Federal e a constituinte. *Revista de Direito Administrativo*, Rio de Janeiro, v. 160, p. 7-30, abr./jun. 1985.

CÔRTES, Osmar Mendes Paixão. As inovações da EC n. 45/2004 quanto ao cabimento do recurso extraordinário. In: WAMBIER, Teresa Arruda Alvim. et.al. (Coord.). *Reforma do Judiciário: Primeiros ensaios críticos sobre a EC n. 45/2004*. São Paulo: Revista dos Tribunais, 2005. p. 531-550.

CRUZ, Álvaro Ricardo de Souza. *Jurisdição constitucional democrática*. Belo Horizonte: Del Rey, 2004.

CRUZ E TUCCI, José Rogério. Anotações sobre a repercussão geral como pressuposto de admissibilidade do recurso extraordinário (Lei 11.418/2006). *Revista de Processo*, São Paulo, v. 145, p. 151-162, mar. 2007a.

——. Art. 475-J e o STJ. *Revista Jurídica Consulex*, Brasília, n. 260, novembro 2007b.

——. Recurso especial indevidamente retido. *Revista Jurídica*, Porto Alegre, v. 270, p. 5-10, abr. 2000.

——. A "repercussão geral" como pressuposto de admissibilidade do recurso extraordinário. *Revista dos Tribunais*, São Paulo, v. 848, p. 60-65, jun. 2006.

CUNHA, Leonardo José Carneiro da. Breves notas sobre a Súmula 634 do STF. *Revista de Processo*, São Paulo, v. 121, p. 87-93, mar. 2005.

DALL'AGNOL Júnior, Antonio Janyr. O prequestionamento da questão federal nos recursos extraordinários. *Revista de Processo*, São Paulo, v. 74, p. 112-121, abr./jun. 1994.

DANTAS, Bruno. Repercussão geral: perspectivas histórica, dogmática e de direito comparado: questões processuais. São Paulo: Editora Revista dos Tribunais, 2008.

DIDIER JÚNIOR, Fredie. O recurso extraordinário e a transformação do controle difuso de constituionalidade no direito brasileiro. In: MOLINARO, Carlos Alberto; MILHORANZA, Mariângela Guerreiro; PORTO, Sérgio Gilberto (Coord.). *Constituição, jurisdição e pro-*

cesso: estudos em homenagem aos 55 anos da Revista Jurídica. Sapucaia do Sul: Notadez, 2007a. p. 329-345.

——. Tópicos sobre a última reforma processual (dezembro de 2006) (parte 1). *Revista de Processo*, São Paulo, v. 147, p. 164-174, maio 2007b.

——. Transformações do recurso extraordinário. *Revista Forense*, Rio de Janeiro, v. 389, p. 491-500, jan./fev. 2007c.

DINAMARCO, Cândido Rangel. A função das Cortes Supremas na América Latina. *Revista Forense*, Rio de Janeiro, v. 342, abr./jun. 1998a.

——. Processo civil comparado. *Revista de Processo*, São Paulo, v. 90, p. 46-56, abr./jun. 1998b.

——. Superior Tribunal de Justiça e acesso à ordem jurídica justa. *Revista da Ajuris*, Porto Alegre, p. 44-54, maR. 1991.

FALCÓN, Enrique M. La función política y los tribunais superiores. In: BERIZONCE, Roberto Omar; HITTERS, Juan Carlos; OTEIZA, Eduardo (Coord.). *El papel de los tribunais superiores*. Buenos Aires: Rubinzal-Culzoni Editores, 2006. p. 19-72.

FAVOREU, Louis. *As cortes constitucionais*. Traduzido por Dunia Marinho Silva. São Paulo: Landy, 2004.

FERREIRA FILHO, Manoel Caetano. *Comentários ao código de processo civil*. São Paulo: Revista dos Tribunais, 2001. v. 7.

FREITAS, Juarez. *A interpretação sistemática do direito*. 4. ed. rev. e ampl. São Paulo: Malheiros Editores, 2004.

——. A melhor interpretação constitucional "versus" a única resposta correta. In: SILVA, Virgílio Afonso da (Org.). *Interpretação constitucional*. São Paulo: Malheiros, 2005. p. 317-356.

GARCÍA DE ENTERRÍA, Eduardo. *La constitución como norma y el tribunal constitucional*. 3. ed. Madrid: Civitas, 2001.

GOMES JÚNIOR, Luiz Manoel. A argüição de relevância: a repercussão geral das questões constitucional e federal. Rio de Janeiro: Forense, 2001.

——. A repercussão geral da questão constitucional no recurso extraordinário. *Revista de Processo*, São Paulo, n. 119, p. 91-116, jan. 2005.

GORDILHO, Pedro. A relevância da questão federal. *Revista do Advogado*, São Paulo, n. 22, p. 33-42, nov. 1986.

GRAU, Eros Roberto. Ensaio e discurso sobre a interpretação/aplicação do direito. 3. ed. São Paulo: Malheiros, 2005.

GRECO FILHO, Vicente. *Direito processual civil brasileiro*. 13. ed. rev. São Paulo: Saraiva, 2000. v. 2.

GRINOVER, Ada Pellegrini. O controle do raciocínio judicial pelos tribunais superiores brasileiros. *Revista da Ajuris*, Porto Alegre, v. 50, p. 7-18, nov. 1990.

HÄBERLE, Peter. O recurso de amparo no sistema germânico de justiça constitucional. *Direito Público*, Porto Alegre, n. 2, p. 83-137, out./dez. 2003.

——. El Tribunal Constitucional Federal como modelo de una jurisdicción constitucional autónoma. *Anuario Iberoamericano de Justicia Constitucional*, Madrid, n. 9, p. 113-139, 2005.

HALL, Daniel E. *Constitucional law: cases and commentary*. Albany, NY: Delmar, 1997.

HARGER, Marcelo. A discricionariedade e os conceitos jurídicos interminados. *Revista dos Tribunais*, São Paulo, v. 756, p. 11-36, out. 1998.

HARO, Ricardo. El *per saltum* en la justicia federal argentina. *Anuario Iberoamericano de Justicia Constitucional*, Madrid, n. 5, p. 183-205, 2001.

HECK, Luís Afonso. O Tribunal Constitucional Federal e o desenvolvimento dos princípios constitucionais. Contributo para uma compreensão da jurisdição contitucional federal alemã. Porto Alegre: Sergio Antonio Fabris Editor, 1995.

HESSE, Konrad. *A força normativa da Constituição*. Traduzido por Gilmar Ferreira Mendes. Porto Alegre: Fabris, 1991.

HITTERS, Juan Carlos. La jurisdiccion constitucional en Argentina. In: GARCIA BELAUNDE, D.; FERNANDEZ SEGADO, F. (Coord.) *La jurisdiccion constitucional en Iberoamerica*. Madrid: Dykinson, 1997. p. 283-305.

——. Técnica de los recursos extraordinarios y de la casación. 2. ed. La Plata: Librería Editora Platense, 2002.

JAUERNIG, Othmar. *Direito processual civil*. Traduzido por F. Silveira Ramos. Coimbra: Almedina, 2002.

JORGE, Flávio Cheim. *Teoria geral dos recursos cíveis*. 3. ed. rev., atual. e ampl. São Paulo: Revista dos Tribunais, 2007.

KAZMIERSKI, Cleide. Emenda Constitucional 45/04 (CF, art. 102, § 3º) – a "repercussão geral das questões discutidas no caso" como novo pressuposto de admissibilidade do recurso extraordinário. In: MACHADO, Fábio Cardoso; MACHADO, Rafael Bicca (Coord.). *A Reforma do Poder Judiciário*. São Paulo: Quartier Latin, 2006. p. 99-118.

KELSEN, Hans. *Teoria pura do direito*. Traduzido por João Baptista Machado. São Paulo: Martins Fontes, 2000.

KNIJNIK, Danilo. O recurso especial e a revisão da questão de fato pelo Superior Tribunal de Justiça. Rio de Janeiro: Forense, 2005.

KOZIKOSKI, Sandro Marcelo. A repercussão geral das questões constitucionais e o juízo de admissibilidade do recurso extraordinário. In: WAMBIER, Teresa Arruda Alvim. *et.al.* (Coord.). *Reforma do Judiciário: Primeiros ensaios críticos sobre a EC n. 45/2004*. São Paulo: Editora Revista dos Tribunais, 2005. p. 743-760.

LACERDA, Galeno. O novo direito processual civil e os feitos pendentes. Rio de Janeiro: Forense, 1974.

LAMY, Eduardo de Avelar. Repercussão geral no recurso extraordinário: a volta da argüição de relevância? In: WAMBIER, Teresa Arruda Alvim. et.al. (Coord.). *Reforma do Judiciário:* primeiros ensaios críticos sobre a EC n. 45/2004. São Paulo: Revista dos Tribunais, 2005. p. 167-180.

LARENZ, Karl. *Metodologia da ciência do direito*. Tradução José Lamego. 2.ed. Lisboa: Calouste Gulbenkian, 1989.

LEAL, Victor Nunes. O requisito da "relevância" para redução dos encargos do Supremo Tribunal Federal. *Revista dos Tribunais*, São Paulo, n 360, p. 7-18, out. 1965.

LEITE, Evandro Gueiros. A Emenda 2/85 (RISTF) e a boa razão. *Revista dos Tribunais*, São Paulo, n. 615, p. 7-31, jan. 1987.

LENZ, Carlos Eduardo Thompson Flores. A relevância da questão federal e a crise do STF. *Revista da Ajuris*, Porto Alegre, v. 37, p. 103-114.

LIEBMANN, Enrico Tulio. Do arbítrio à razão. Reflexões sobre a motivação da sentença. *Revista de Processo*, São Paulo, v. 29, p. 79-81, jan./mar. 1983.

——. Perspectivas do recurso extraordinário. *Revista Forense*, Rio de Janeiro, v. 85, n. 451/453, p. 601-605, jan./mar. 1941.

LIMA, Alcides de Mendonça. A marcha processual do recurso extraordinário. *Revista Jurídica*, Porto Alegre, v. 37, p. 10-16, jan./fev. 1959.

——. Recurso extraordinário e recurso especial. In: TEIXEIRA, Sálvio de Figueiredo (Coord.). *Recursos no Superior Tribunal de Justiça*. São Paulo: Saraiva, 1991. p. 135-161.

——. Sistema de normas gerais dos recursos cíveis. Rio de Janeiro: Freitas Bastos, 1963.

LINS E SILVA, Evandro. O recurso extraordinário e a relevância da questão federal. *Revista dos Tribunais*, São Paulo, n. 485, p. 11-15, mar. 1976.

LUCIFREDI, Pier Giorgio. Appunti di diritto costituzionale comparato. Il sistema statunitense. Milano: Giuffrè, 1997.

MACEDO, Elaine Harzheim. Repercussão geral das questões constitucionais: nova técnica de filtragem do recurso extraordinário. Direito e Democracia, Canoas, v. 6, p. 79-110, 2005.

——. Os tribunais superiores e os novos óbices recursais. In: MACHADO, Fábio Cardoso; MACHADO, Rafael Bicca (Coord.). *A reforma do Poder Judiciário*. São Paulo: Quartier Latin, 2006. p. 161-185.

MAC-GREGOR, Eduardo Ferrer. El amparo iberoamericano (estudio de derecho procesal constitucional comparado). *Revista de Processo*, São Paulo, v. 143, p. 79-114, jan. 2007.

——. La acción constitucional de amparo em México y España. 3. ed. México: Porrúa, 2002.

——. La Suprema Corte de Justicia de Mexico. In: BERIZONCE, Roberto Omar; HITTERS, Juan Carlos; OTEIZA, Eduardo (Coord.). *El papel de los tribunais superiores*. Buenos Aires: Rubinzal-Culzoni, 2006. p. 351-403.

MACHADO, Antonio Carlos Marcondes. Argüição de relevância: a competência para o seu exame. O ulterior conhecimento do recurso extraordinário. *Revista de Processo*, São Paulo, v. 42, p. 58-88, abr./jun. 1986.

——. Argüição de relevância: a competência para o se exame. O ulterior conhecimento do recurso extraordinário. *Revista de Processo*, São Paulo, v. 42, p. 58-88, abr./jun. 1986.

MACIEL, Adhemar Ferreira. Restrição à admissibilidade de recursos na Suprema Corte dos Estados Unidos e no Supremo Tribunal Federal do Brasil. *Revista de Informação Legislativa*, Brasília, n. 170, p. 7-15, abr./jun. 2006.

MANCUSO, Rodolfo de Camargo. *Recurso extraordinário e recurso especial*. 10. ed. rev. ampl. e atual. São Paulo: Revista dos Tribunais, 2007.

MARINONI, Luiz Guilherme; MITIDIERO, Daniel. *Repercussão geral no recurso extraordinário*. São Paulo: Revista dos Tribunais, 2007.

MARQUES, José Frederico. *Instituições de direito processual civil*. 2. ed. rev. Rio de Janeiro: Forense, 1963. v. 4.

MARREY NETO, José Adriano. Argüição de relevância da questão federal na interposição do recurso extraordinário. *Revista dos Tribunais*, São Paulo, v. 593, p. 42-50, mar. 1985.

MARTINS, Pedro Batista. Recursos e processos da competência originária dos tribunais. Rio de Janeiro: Forense, 1957.

MARTINS, Samir José Caetano. A repercussão geral da questão constitucional. (Lei nº 11.418/2006). *Revista Dialética de Direito Processual*, São Paulo, v. 50, p. 95-111, maio 2007.

MARTINS, Sergio Pinto. *Direito processual do trabalho*. 25. ed. São Paulo: Atlas, 2006.

MARTINS FILHO, Ives Gandra da Silva. Critério de transcendência no recurso de revista. Projeto de lei n. 3.267/00. *Revista LTr*, São Paulo, v. 65, p. 905-918, ago. 2001.

MASCIOTRA, Mario. El activismo de la Corte Suprema de Justicia (Argentina). In: BERIZONCE, Roberto Omar; HITTERS, Juan Carlos; OTEIZA, Eduardo (Coord.). *El papel de los tribunais superiores*. Buenos Aires: Rubinzal-Culzoni 2006. p. 73-114.

MATTIOLI, Maria Cristina. Transcendência: uma resposta política à morosidade da justiça. *Revista do Tribunal Superior do Trabalho*, Brasília, ano 67, n. 4, p. 129-141, out./dez. 2001.

MEDINA, José Miguel Garcia. *O prequestionamento nos recursos extraordinário e especial.* 2. ed. rev. ampl. e atual. São Paulo: Revista dos Tribunais, 1999.

——; WAMBIER, Luiz Rodrigues; WAMBIER, Teresa Arruda Alvim. Repercussão geral e súmula vinculante. Relevantes novidades trazidas pela EC n. 45/2004. In: WAMBIER, Teresa Arruda Alvim. *et.al.* (Coord.). *Reforma do Judiciário:* primeiros ensaios críticos sobre a EC n. 45/2004. São Paulo: Revista dos Tribunais, 2005. p. 373-389.

MELLO, Celso Antônio Bandeira de. *Curso de direito administrativo.* 17. ed. rev. e atual. São Paulo: Malheiros, 2004.

MELLO FILHO, José Celso de. Algumas reflexões sobre a questão judiciária. *Revista do Advogado,* São Paulo, v. 24, n. 75, p. 43-53, abr. 2004.

MENDES, Gilmar Ferreira. Argüição de descumprimento de preceito fundamental. In: MEIRELLES, Hely Lopes. Mandado de segurança, ação popular, ação civil pública, mandado de injunção, "habeas data", ação direta de inconstitucionalidade, ação declaratória de constitucionalidade e argüição de descumprimento de preceito fundamental.. 23. ed., atual. por Arnoldo Wald e Gilmar Ferreira Mendes. São Paulo: Malheiros, 2001. p. 371-430.

MITIDIERO, Daniel. *Elementos para uma teoria contemporânea do processo civil.* Porto Alegre: Livraria do Advogado, 2005.

MOREIRA ALVES, José Carlos. A missão constitucional do Supremo Tribunal Federal e a argüição de relevância de questão federal. *Revista do Instituto dos Advogados Brasileiros,* São Paulo, v. 16, p. 41-63, jan./dez. 1982.

MOREIRA NETO, Diogo de Figueiredo. *Curso de direito administrativo.* Rio de Janeiro: Forense, 2005.

MORELLO, Augusto Mario. *El recurso extraordinario.* 3. ed. La Plata: Librería Editora Platense, 2006.

——. Recursos extraordinarios. Visión comparada brasileña y argentina. *Revista de Processo,* São Paulo, v. 79, p. 10-19, jul./set. 1995.

NASCIMENTO, Amauri Mascaro. *Curso de direito processual do trabalho.* 18. ed. rev. São Paulo: Saraiva, 1998.

NEGRÃO, Theotonio. O novo recurso extraordinário. Perspectivas na Constituição de 1988. *Revista dos Tribunais,* São Paulo, v. 656, p. 239-248, juN. 1990.

NERY JUNIOR, Nelson. *Princípios do processo civil na Constituição Federal.* 4. ed. rev., aum. e atual. São Paulo: Revista dos Tribunais, 1997.

——. *Teoria geral dos recursos.* 6. ed. atual. ampl. e reform. São Paulo: Revista dos Tribunais, 2004.

NERY JUNIOR, Nelson; NERY, Rosa Maria de Andrade. *Código de Processo Civil e legislação extravagante.* 9. ed. rev. atual. e ampl. São Paulo: Revista dos Tribunais, 2006a.

——. Constituição Federal comentada e legislação constitucional. São Paulo: Revista dos Tribunais, 2006b.

NETTO, Nelson Rodrigues. A alteração do regimento interno do Supremo Tribunal Federal para a aplicação da repercussão geral da questão constitucional no recurso extraordinário. *Revista Dialética de Direito Processual,* São Paulo, v. 52, p. 108-115, jul. 2007a.

——. A aplicação da repercussão geral no recurso extraordinário consoante a Lei nº 11.418/06. *Revista Dialética de Direito Processual,* São Paulo, n. 49, p. 112-129, abr. 2007b.

OLIVEIRA, Candido de. Algumas notas sobre o recurso extraordinário. *Revista do Supremo Tribunal Federal,* Rio de Janeiro, v. 43, p. 267-289, ago. 1922.

OLIVEIRA, Carlos Alberto Alvaro de. *Do formalismo no processo civil.* 2. ed. rev. e ampl. São Paulo: Saraiva, 2003.

——. Poderes do juiz e visão cooperativa do processo. *Revista da Ajuris,* Porto Alegre, v. 90, p. 55-84, jun. 2003.

PALACIO, Lino Enrique. Simplificación de los recursos extraordinarios. In: BERIZONCE, Roberto Omar; HITTERS, Juan Carlos; OTEIZA, Eduardo (Coord.). *El papel de los tribunais superiores.* Buenos Aires: Rubinzal-Culzoni, 2006. p. 295-299.

PESSOA, Epitacio. Do recurso extraordinario. *Revista do Supremo Tribunal Federal,* Rio de Janeiro, v. 38, p. 255-293, mar. 1922.

PINTO, Nelson Luiz. *Manual dos recursos cíveis.* 2.ed. rev. atual. e ampl. São Paulo: Malheiros, 2000.

PONTES DE MIRANDA. *Comentários à Constituição de 1967.* 2. ed. rev. São Paulo: Revista dos Tribunais, 1970. v. 4.

——. *Comentários ao Código de Processo Civil.* 3. ed. rev. e aum. Rio de Janeiro: Forense, 1999.

PORTO, Sérgio Gilberto (Org.). *As garantias do cidadão no processo civil.* Porto Alegre: Livraria do Advogado, 2003.

——; USTÁRROZ, Daniel. *Manual dos recursos cíveis.* 2. ed. rev. e ampl. Porto Alegre: Livraria do Advogado, 2008.

——. A repercussão geral das questões constitucionais no recurso extraordinário (inovações procedimentais da Lei 11.418 e na Emenda Regimental 21 do STF). In: ASSIS, Araken de. et al. (Coord.). *Direito civil e processo: estudos em homenagem ao Professor Arruda Alvim.* São Paulo: Revista dos Tribunais, 2008. p. 1489-1500.

PRÜTTING, Hans. A admissibilidade do recurso aos tribunais alemães superiores. *Revista de Processo,* São Paulo, v. 9, p. 153-160, jan./mar. 1978.

RAGONE, Álvaro J. Pérez; PRADILLO, Juan Carlos Ortiz. *Código Procesal Civil alemán (ZPO).* Montevideo: Konrad-Adenauer, 2006.

RAMOS, André Luiz Santa Cruz. Da necessidade de demonstração da repercussão geral das questões constitucionais discutidas no recurso extraordinário (art. 102, § 3º, da CF/88). *Revista Dialética de Direito Processual,* São Paulo, v. 32, p. 9-20, nov. 2005.

RAWLS, John. *Uma teoria da justiça.* Traduzido por Almiro Pisetta e Lenita Maria Rímoli Esteves. 2. ed. São Paulo: Martins Fontes, 2002.

RODRIGUES, Lêda Boechat. *História do Supremo Tribunal Federal.* Rio de Janeiro: Editora Civilização Brasileira, 1965. v. 1.

ROSAS, Roberto. Direito processual constitucional: princípios constitucionais do processo civil. São Paulo: Revista dos Tribunais, 1983.

——. *Direito sumular.* 10. ed. rev. e atual. São Paulo: Malheiros, 2000.

ROSEMBERG, Leo. *Tratado de derecho procesal civil.* Buenos Aires: Europa-America, 1955. t. 2.

ROSSUM, Ralph A.; TARR, Alan G. *American constitutional law.* 4. ed. New York: St. Martin's Press, 1995. v. 1.

SARLET, Ingo Wolfgang. *A eficácia dos direitos fundamentais.* 5. ed. rev. atual. e ampl. Porto Alegre: Livraria do Advogado, 2005.

——. Valor de alçada e limitação do acesso ao duplo grau de jurisdição: problematização em nível constitucional, à luz de um conceito material de direitos fundamentais. *Revista da Ajuris,* Porto Alegre, v. 66, p. 84-130, mar. 1996.

SARTÓRIO, Elvio Ferreira; JORGE, Flávio Cheim. O recurso extraordinário e a demonstração da repercussão geral. In: WAMBIER, Teresa Arruda Alvim. et.al. (Coord.). *Reforma do Judiciário:* primeiros ensaios críticos sobre a EC n. 45/2004. São Paulo: Revista dos Tribunais, 2005. p. 181-189.

SCHÖNKE, Adolfo. *Derecho procesal civil*. Barcelona: Bosch, 1950.

SCHWARTZ, Bernard. *Direito constitucional americano*. Traduzido por Carlos Nayfeld. Rio de Janeiro: Forense, 1966.

SEABRA FAGUNDES, M. A Reforma do Poder Judiciário e a Reestruturação do Supremo Tribunal Federal. *Revista Forense*, Rio de Janeiro, v. 215, p. 5-12, jul./set. 1966.

SELISTRE PEÑA, Eduardo Chemale. A inclusão do requisito da relevância para a redução do volume de processos no Supremo Tribunal Federal e no Superior Tribunal de Justiça. In: MACHADO, Fábio Cardoso; MACHADO, Rafael Bicca (Coord.). *A reforma do Poder Judiciário*. São Paulo: Quartier Latin, 2006. p. 135-140.

SILVA, José Afonso da. *Aplicabilidade das normas constitucionais*. 4. ed. rev. e atual. São Paulo: Malheiros, 2000.

——. Do recurso extraordinário no direito processual brasileiro. São Paulo: Revista dos Tribunais, 1963.

SILVA, Ovídio A. Baptista da. A função dos tribunais superiores. In: MACHADO, Fábio Cardoso; MACHADO, Rafael Bicca (Coord.). *A reforma do Poder Judiciário*. São Paulo: Quartier Latin, 2006a. p. 463-483.

——. *Curso de processo civil*. 7. ed. rev. e atual. Rio de Janeiro: Forense, 2005. v. 1.

——. Processo e ideologia: o paradigma racionalista. Rio de Janeiro: Forense, 2004.

SOUZA, Bernardo Pimentel. Apontamentos sobre a repercussão geral no recurso extraordinário. In: ASSIS, Araken de *et al.* (Coord.). *Direito civil e processo:* estudos em homenagem ao Professor Arruda Alvim. São Paulo: Revista dos Tribunais, 2008. p.1230-1233.

SOUZA, Carlos Aureliano Motta de. O papel constitucional do STF: uma nova aproximação sobre o efeito vinculante. Brasília: Brasília Jurídica, 2000.

SOUZA JÚNIOR, Cezar Saldanha. *O tribunal constitucional como poder*. São Paulo: Memória Jurídica, 2002.

STONE, Geoffrey R. et. al. *Constitutional law*. 5. ed. New York: Aspen, 2005.

STRECK, Lenio Luiz. A "repercussão geral das questões constitucionais" e a admissibilidade do recurso extraordinário: a preocupação do constituinte com as "causas irrelevantes". In: AGRA, Walber de Moura, coordenador. *Comentários à reforma do poder judiciário*. Rio de Janeiro: Forense, 2005. p. 132-142.

TALAMINI, Eduardo. Repercussão geral em recurso extraordinário: nota sobre sua regulamentação. *Revista Dialética de Direito Processual*, São Paulo, v. 54, set. 2007.

TANIGUCHI, Yasuhei. O Código de processo civil japonês de 1996 – um processo para o próximo século? *Revista de Processo*, São Paulo, n. 99, p. 50-73, jul./set. 2000.

TARUFFO, Michele. Legalidade e justificativa da criação judiciária do direito. *Revista da Esmape*, Recife, v. 6, n. 14, p. 431-456, jul./dez. 2001.

TAVARES, André Ramos. *Reforma do judiciário no Brasil pós-88:* (des)estruturando a justiça: comentários completos à EC n. 45/04. São Paulo: Saraiva, 2005a.

——. *Teoria da justiça constitucional*. São Paulo: Saraiva, 2005b.

TESHEINER, José Maria Rosa. *Elementos para uma teoria geral do processo*. São Paulo: Saraiva, 1993.

——. Em tempo de reformas – o reexame de decisões judiciais. *Revista de Processo*, São Paulo, v. 147, p. 147-163, maio 2007a.

——. Pressupostos processuais e nulidades no processo civil. São Paulo: Saraiva, 2000.

——. Processo e Constituição – algumas reflexões. In: MOLINARO, Carlos Alberto; MILHORANZA, Mariângela Guerreiro; PORTO, Sérgio Gilberto (Coord.). *Constituição, jurisdição e processo: estudos em homenagem aos 55 anos da Revista Jurídica*. Sapucaia do Sul: Notadez, 2007b. p. 409-427.

THEODORO JÚNIOR, Humberto. Repercussão geral no recurso extraordinário (Lei nº 11.418) e súmula vinculante do Supremo Tribunal Federal (Lei nº 11.417). *Revista Magister de Direito Civil e Processual Civil*, Porto Alegre, n. 18, p. 5-32, maio/jun. 2007.

TRIBE, Laurence H. *American constitutional law*. 3. ed. New York: Foundation Press, 2000. v. 1.

URBANO, Hugo Evo Magro Corrêa. Da argüição de relevância à repercussão geral das questões constitucionais no recurso extraordinário. *Revista Dialética de Direito Processual*, São Paulo, v. 47, p. 61-78, fev. 2007.

VIANA, Juvêncio Vasconcelos. Questão de repercussão geral (§ 3º do art. 102 da Constituição Federal) e a admissibilidade do recurso extraordinário. *Revista Dialética de Direito Processual*, São Paulo, v. 30, p. 72-84, set. 2005.

VILLELA, José Guilherme. Recurso extraordinário. *Revista de Processo*, São Paulo, v. 41, p. 137-150, jan./mar. 1986.

WAMBIER, Luiz Rodrigues. Do manejo da tutela cautelar para obtenção de efeito suspensivo no recurso especial e no recurso extraordinário. In: WAMBIER, Teresa Arruda Alvim (Coord.). *Aspectos polêmicos e atuais do recurso especial e do recurso extraordinário*. São Paulo: Revista dos Tribunais, 1997. p. 358-386.

——; WAMBIER, Teresa Arruda Alvim; MEDINA, José Miguel Garcia. *Breves comentários à nova sistemática processual*: emenda constitucional n. 45/2004 (reforma do judiciário); Lei 10.444/2002; Lei 10.358/2001 e Lei 10.352/2001. 3. ed. rev., atual. e ampl. São Paulo: Revista dos Tribunais, 2005.

——; ——; ——. *Breves comentários à nova sistemática processual civil, 3:* Leis 11.382/2006, 11.417/2006, 11.418/2006, 11.341/2006, 11.419/2006, 11.441/2007 e 11.448/2007. São Paulo: Revista dos Tribunais, 2007.

WAMBIER, Teresa Arruda Alvim. Fundamentos do processo. *Revista dos Tribunais*, São Paulo, v. 855, p. 11-29, jan. 2007.

WATANABE, Kazuo. Controle jurisdicional: princípios da inafastabilidade do controle jurisdicional no sistema jurídico brasileiro e Mandado de segurança contra atos judiciais. São Paulo: Revista dos Tribunais, 1980.

WITCZYMYSZYN, Bohdanna. Da argüição de relevância no apelo magno. *Justitia*, São Paulo, v. 121, p. 89-125, abr./jun. 1983.

ZAVASCKI, Teori Albino. *Antecipação da tutela*. São Paulo: Saraiva, 1999.

——. *Eficácia das sentenças na jurisdição constitucional*. São Paulo: Revista dos Tribunais, 2001.

Impressão:
Evangraf
Rua Waldomiro Schapke, 77 - P. Alegre, RS
Fone: (51) 3336.2466 - Fax: (51) 3336.0422
E-mail: evangraf.adm@terra.com.br